最強レスラー数珠つなぎ

THE CHAIN OF THE STRONGEST WRESTLERS

尾崎ムギ子

イースト・プレ

はじめに

廃業寸前のライターを救ってくれたのはプロレスだった!

「得意分野はなんですか?」

とある雑誌の編集部。やっとこぎつけた編集長との面接でそう言われたわたしは、暗くうつむいてしまった。得意分野は……ない。ライターを名乗ってかれこれ8年になるが、専門的に書ける分野も、心から書きたい分野も、わたしにはなかった。来た仕事をこなすだけ。「芸能人のインタビューが多いです」という苦し紛れの答えに、編集長は渋い顔をした。ハイ、そういうことじゃないんですよね。わかっています。

文章を書く仕事がしたい。ただそれだけの理由でライターになった。正確に言うと、書く仕事がしたいというより、人に会わずにすむ仕事がしたかった(インタビューをするのだから、それも見当違いであることにのちに気づくのだが)。人に会いたくない。会えば話さなくてはならないから。わたしは話すということに、猛烈なコンプレックスを抱いていた。

クラスメートに「昨日のドラマ、面白かったよ」と話す。しかしストーリーの説明を求められると頭がパニックになり、口を閉ざしてしまう。どう話していいかわからない。頭の中がぐるぐるして、10分の1も、20分の1も話せない。吃音《きつおん》もあった。言語障害なんだと思った。そうであってほしいと思った。障害であれば、治療をすることでうまく話せるようになるかもしれない。藁をも掴む思いで、言語学を学べる大学に進学した。しかし教授に「わたしは言語障害だと思います」と打ち明けると、こう言われた。あなたは言語障害ではないよ。ただちょっと、脳が言葉を処理するスピードが遅いだけ——。そうか、わたしがうまく話せるようになることは、この先きっとない。

ライターになってからは、取材をするのが怖かった。前日は一睡もできず、約束時間の5分前にトイレに駆け込み、嘔吐する。2分で吐いて、なんとか時間に間に合わせる。そんな日々の繰り返しだった。ライターを辞めたい。けれど他になんの取り柄もない。33歳にもなって、ろくに仕事もない。金もない。結婚どころか恋人もいない。この先、どうやって生きていこう。生きていけるのだろうか。いっそのこと……。夜になると悪いイメージばかりが浮かび、眠れない。睡眠薬と精神安定剤を常用するようになった。ボロボロだった。

2015年1月17日。そんなわたしは、プロレスと出会った。

その日、わたしは新宿歌舞伎町のバーにいた。知り合いが営むこの店で、プロレスのトークイベントがあると聞いたからだ。プロレスなんて観たこともないし、好きでもない。とくに嫌いだと思ったこともない。わたしの人生において、プロレスというものは存在しなかった。

そんなプロレスに興味を持ったのは、メディアがこぞって「プロレス女子が増えている」と報じたからだった。20代、30代を中心に、女性の間でプロレスがブームだという。なぜ、プロレス？「イケメンレスラーが増えたから」、「ストレス発散できるから」――。しかしイケメンならジャニーズだっていいし、ストレスを発散したいのならカラオケでもバッティングセンターでも行けばいい。スポーツがよければ、野球やサッカーを観戦すればいい。なぜ、プロレスなんだ？マッチョが好きなのだろうか？マッチョ嫌いのわたしには、ますます魅力がわからない。まあ、ネタ不足で困っていたところだし、つまらなければボツにすればいいやと、取材をすることにした。

バーの中をうろついていると、にこやかな中年の男性と出くわした。ノンフィクション作家の柳澤《やなぎさわ》健《たけし》。今日のイベントに登壇するらしい。「アントニオ猪木の本が有名なんですよ」と紹介され、（アントニオ猪木ってプロレスラーだったっけ？）と思いつつ、何気なく聞いてみた。「プロレスを観たこともないのですが、なにからはじめればいいですか？」。するとこんな答えが返ってきた。

「まず、『リアル』13巻を読みましょう。『SLAM DUNK』の井上雄彦さんが描いている、車いすバスケ漫画です。13巻は一冊丸ごとプロレスの話なんです。プロレスにとってカッコいいとはどういうことかがわかるので、そこから入るといいですよ。次に、YouTubeで『飯伏幸太vsヨシヒコ戦』を観てください。ヨシヒコというのは人形なんですが、感動します」

……人形！　そうか、プロレス女子は人形が好きなんだな。なるほど、可愛いお人形さんは女子にウケるかもしれない。そう言うと、柳澤氏は笑って続けた。

「女子がプロレスに魅了されるのは当然です。戦後、アメリカのプロレスは、専業主婦が支えていたんですよ。男たちが戦争に行っている間は外に出て仕事をしていた女性たちは、戦争が終わると家庭の専業主婦に押し込められた。欲求不満を抱える主婦たちは、テレビでガタイのいい男たちの闘いを観て欲求不満を解消していたんです。テレビだけでは満足できない女性はプロレス会場に足を運び、プロレスラーが泊まるホテルに押しかけて関係を持つ女性まで現れた。アメリカに限った話ではありません。江戸時代には、お金持ちのおばさんが歌舞伎役者を買う〝役者買い〟が普通にあった。『いい男に抱かれたい』という女性の秘めた欲望が、プロレスを観て全開になってもおかしくはない。行動に移すかどうかはともかくとして」

そして「プロレスはショーなんです」と言う。昔はリアルファイトだと思われていた。しかし総合格闘技が出てきて、プロレスはショーだという見方になった。でもいまは、「だったら面白いショーを見せてあげるよ」という打ち出し方をしている。君たちこんなことできないでしょ、しかもカッコいいでしょ、周りにこういう男いないでしょ、というファンタジー。昔からある勝負論よりも、いまはもっと「最強より最高」というものを提供しているという。

デスマッチの試合では、蛍光灯や画びょうなどの凶器を使い、血まみれになって闘う。その会場ではなんと、セーラー服の女子高生が恍惚《こうこつ》としてリングを見ていたり、キャーキャー言いながら逃げ回っていたりするというのだ。お化け屋敷でキャーキャー言いながらも、怖いもの見たさで楽しい、という感覚。しかも、野球やサッカーよりハードルは低い。プロレスは過程を楽しむものだから、ルールを知らなくてもいい。お化け屋敷にルールなんかいらない——。「女性がハマる気持ちが少しわかった」。そういうまとめで、記事を書こうと思った。

帰宅してから、ＹｏｕＴｕｂｅで「飯伏幸太vsヨシヒコ戦」を観た。ヨシヒコはたしかに人形だった。しかし可愛いお人形さんではなく……ダッチワイフだった。衝撃だった。そして試合を観て、さらなる衝撃を受けた。

……すごい！　すごい！　これがプロレスなんだ！　もちろん、人形であるヨシヒコは生きてはいない。つまり、ヨシヒコが自ら闘っているわけではない。飯伏選手が〝ヨシヒコが闘っているように見える動き〟をして、試合が成り立っているのだ。……すごい！　こんなことができるだなんて！

すぐにAmazonで『リアル』13巻を注文した。車いすになったプロレスラー・スコーピオン白鳥が、再びリングに上がる。しかし白鳥は立つことができない。それでも試合は進んでいく。会場は大盛り上がり。観客は彼が立てないことに、まったく気づかない。なぜか？　相手のレスラーが、〝そういう動き〟をしているからだ。

自分をどう見せるかではなく、相手をどう見せるかを考え尽くした動き——。これを知ったら、もう引き返せない。どっぷりハマるしかないと思った。

記事はこう締めくくった。

「『いまと昔のプロレスはまったく違う』というのが、意外であり、魅力的に映った。プロレスに限らず新しいファンというのは、昔を知らないことへの引け目がどこかしらある。南海キャンディーズの山里亮太さんがDDTプロレスリングにゲスト出場した際、『プロレスに対してコンプレックスがあった』と話していたのが印象に残っている。

ルールも知らない。観戦したこともない。でも強烈に惹きつけられたのは、プロレスが長い歴史の中でいままさに新しく生まれ変わったばかりであり、自分が〝初代ファン〟になれると感じたからかもしれない。これからわたし自身を含め、プロレス女子の生態を追っていこうと思う」

配信された記事のタイトルは、『いい男に抱かれたい願望が全開に!?　プロレス女子急増のワケ』。わたしがつけたタイトルは書き換えられ、ギョッとしたが、この記事は配信後まもなくテレビのワイドショーで取り上げられた。Ｔｗｉｔｔｅｒを見ると、「面白い！」、「プロレスを広めてくれてありがとう」――そんなツイートで溢れ返っていた。嬉しかった。なにより、書きたいテーマが見つかったことが嬉しかった。「得意分野はプロレスです」と、編集者に堂々と売り込む自分が目に浮かんだ。

配信から数時間が経っても、Ｔｗｉｔｔｅｒで記事の評判を検索しては悦に入っていた。ところがあるときから、反応がおかしくなった。「プロレスを馬鹿にしている」、「くだらないライターのくだらない記事」、「クソみてえ」……えっ、ついさっきまで、あんなに褒め称えられていたのに。なにが起こったのか、さっぱり理解できなかった。そんななか、とあるツイートを見つけた。「佐藤光留《さとうひかる》の言うとおり」――。

佐藤光留。この人がわたしのライター人生を大きく左右することになるとは、このときは夢にも思わなかった。

最強レスラー数珠つなぎ　目次

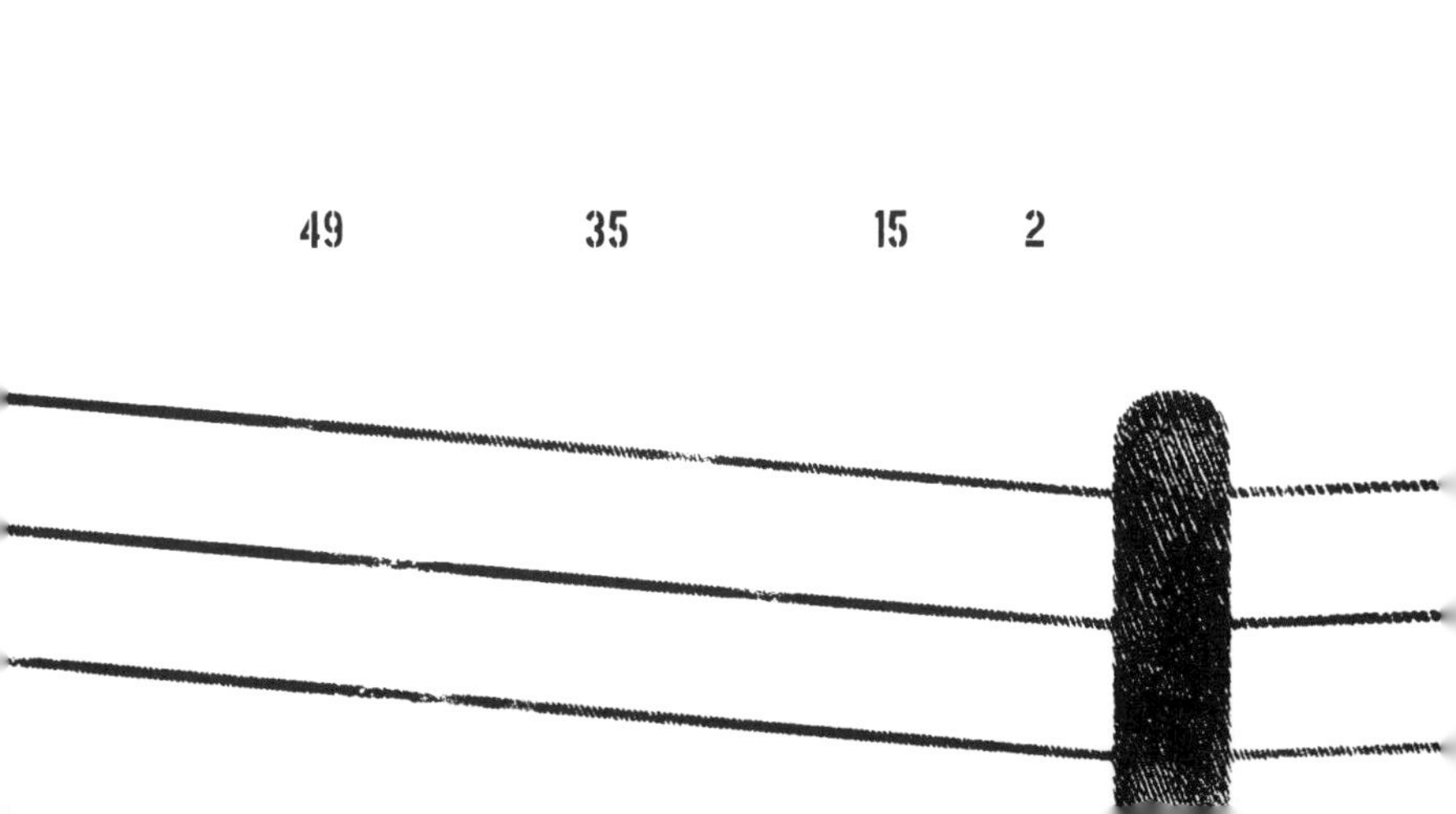

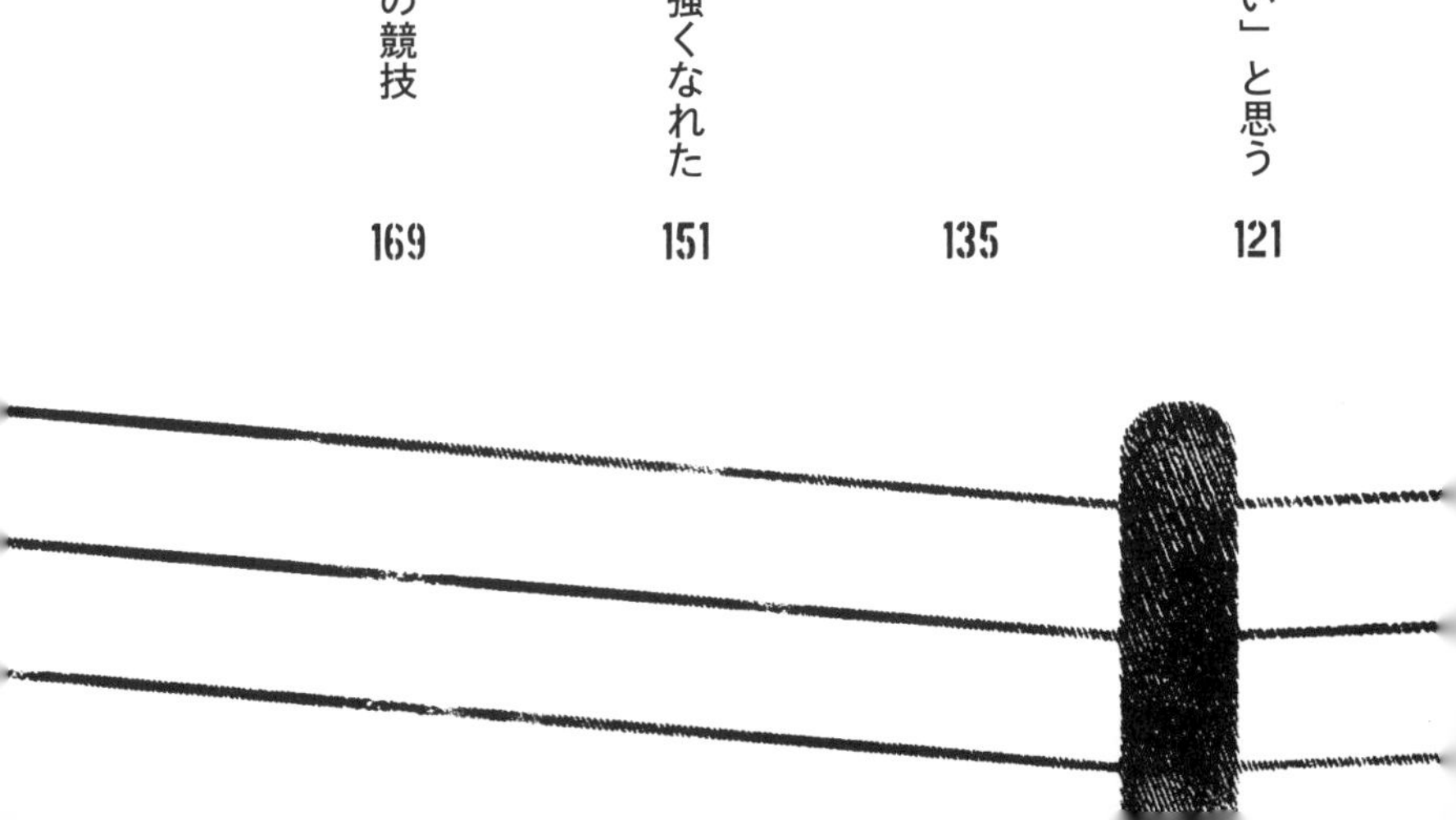

プロレスって、だれでもできちゃダメなはずなんです

vol.1

佐藤光留

HIKARU SATO

今から1年8か月前、プロレスのプの字も知らない状態でプロレスの記事を書いた。「プロレスはショー」、「最強より最高」。この記事がTwitterで大炎上した。騒動の発端は、とあるレスラーのツイート。「書いた人間を絶対に許さない」——。家でひとり、震え上がった。わたしはプロレスラーに殺されるんだ……。本気でそう思った。

結局、わたしはだれに殺されることもなく、プロレスにのめり込み、記事を書き続け、今回新たに連載をスタートすることになった。タイトルは、「最強レスラー数珠つなぎ」。毎回のインタビューの最後に、自分以外で最強だと思うレスラーを指名してもらい、次はそのレスラーにインタビューをする。

ひとり目のレスラーは、わたし自身が指名することにした。パンクラスMISSION所属・佐藤光留。件の記事に噛みついてきた人だ。連載タイトルに〝最強〟という言葉を使うことにしたのは、「最強より最高」というフレーズに佐藤が怒りを露わにした。そのことが、わたしのなかでずっと引っ掛かっているからだ。強さとはいったいなんなのか。この連載を通して探っていきたい。

（2016年9月）

Profile

佐藤光留（さとう・ひかる）／パンクラスMISSION所属。1980年7月8日、岡山県岡山市生まれ。レスリングの名門・岡山学芸館高等学校出身。フリースタイル／グレコローマン70kg級で全国大会3位入賞。高校卒業後、パンクラスに入門。鈴木みのるを師匠に持ち、総合格闘技で数々の実績を残す。2008年、DDTプロレスリングのブランド「ハードヒット」にてプロレスデビュー。〝Uの末裔〟と呼ばれ、格闘技としてのプロレスにこだわり続ける。一方でメイド服を着て試合をするなど、守備範囲の広さはプロレス界随一。現在、全日本プロレスを主戦場に、様々な団体で活躍。世界ジュニアヘビー級王座、アジアタッグ王座など、多数のタイトルを戴冠している。172センチ、90キロ。Twitter：@hikaru310paipan

vol.1

佐藤光留

「プロレスって、だれでもできちゃダメなはずなんです」

——その節は気分を害してしまい、大変申し訳ありませんでした。改めて、なぜ佐藤選手があの記事に憤りを感じたのか、教えていただけますでしょうか。

女性がビジュアルから入ったり、「試合が面白いければどっちが強いかなんて関係ない」っていう見方をしてプロレスに携わってくるのは、全然かまやしないんですよ。ただ、メディアで紹介するときに「いまは強さなんてそんなに関係ないんだよ」みたいなことを言われると、やっているほうからしては、「その生き死にで生活してるんだ」っていう話です。僕は保育園の卒園文集に「プロレスラーになる」と書いていたので。それ以外の人生を送ってきていないですから。

物書きの方の場合だと、「誤字脱字を見つけるのがブームなんだよ」と言われるのと一緒です。いや、そこじゃねえじゃん、っていう。文章の面白い面白くないで生きてるのに、誤字脱字とか、「挿し絵がいいから、いまは小説が読みやすいよ」って紹介されたら、怒るでしょ？　いろんなお仕事があると思うんですけど、声を上げずにはいられなかったんです。

——わたしもあれからいろいろな団体を観るようになって、佐藤選手が怒った理由がなんとなくわかるようになりました。

いろいろな団体って言っても、田中タイムは観てないですよね？　僕がオファーを受けて行ってみたら、観客が12人だったんですけど。ワンマッチ興行で、「佐藤光留vs田中」の試合しかないんです。17時集合、18時に完全撤収、っていう。さすがにワンマッチじゃ人が集まらないと思ったのか、試合前に「よしえつねお（お笑い芸人、プロレスラー吉江豊の実兄）のワンマンショー」があって、だれひとり笑っていない。そういうマニアックな興行を好むのも、いまのプロレスの価値観のひとつですし、棚橋弘至vsオカダ・カズチカを両国で観るというのも価値観のひとつです。

それを否定する気はないんです。試合の面白さを追い求めるのも、楽ではない。ただ、傷つかないですよね、選手自身が。負けても「面白かった」、「いい試合だった」と言われれば、肯定されちゃうんです。それはプロレスにあっちゃダメだろうと思うんですよ。チケットを買ってくれる人は、なにかしらに勝って、5千円、1万円を手に入れて来てくれているのに、選手自身が面白かったからと言い訳して、傷つかずにのうのうとプロレスをしているのはちょっと違うんじゃないかなと。プロレスラーという人種として、命賭けで業界を作ってくれた人たちに礼がなさ過ぎるんじゃないかと思います。

——あの記事のなかで、「最強より最高」と書いたことがいちばんダメだったのでしょうか。

ダメというか、導火線に火をつけた一文ですよね。そういう価値観がなければ、いまのプロレスブームは訪れなかったと思うんですよ。だけど、こっちがプロレスの面白さを伝えたいのをすっ飛ばして、食べやすいもの、飲み込みやすいものを与えて、本当に意味があるものを見せていないんじゃないかという違和感はずっとあるんです。でもそれが売れていることは事実だし、そこは肯定しなければいけない。僕なんかは逆に飲み込まなければいけない部分です。その間で揺れ動いている選手は多いと思いますよ。

例えば僕がやっている「ハードヒット」という興行に来てくれた選手で、「いまのプロレスは違いますよね、佐藤さん！ やっぱハードヒットみたいに、強いか弱いかだけでいいんすよ！」という人もいたけど、その人たちがプロレスラーとして食えているかと言ったら、食えていない人もいたし。飲み込めていないけど、年間200試合くらいやってる僕みたいな奴もいるし。

「プロレスって、その人の人格がすごく出る」

――ハードヒットの全試合グラップリングルール興行、すごく面白かったです。

年1回やってるんですけど、最初に企画したときは「気狂ってるのか?」と言われました。それこそプロレス女子の記事じゃないですけど、カッコいい選手が勝敗よりも内容で、派手な技と至れり尽くせりのファンサービスで女性のみなさまをお出迎え、みたいな時代に、寝技だけで興行をやるっていう。僕はいままで一度もハードヒットで赤字を出したことはなかったんですけど、勢いで言ったもののの、さすがにこれはちょっと厳しいんじゃないかと思いました。やるって言ったときの不安な感じはいまでも覚えてます。全身から汗が止まらなかったです。

――女性のお客さんも多いですよね。

やってみたら、6割くらい女性だったんじゃないかな。選手も頑張って揃えたんで、みなさんから面白いと言ってもらえました。「どうかしてるんだろうな、ニッポン」と思いましたね。

――ハードヒットに来るお客さんはどういった人たちですか。

世の中のはみ出し者じゃないですか（笑）。僕がやっているプロレスは、僕自身がやってきたことが滲み出てしまうので。プロレスって、その人の人格がすごく出るんですよ。役者さんとか、人前に出る人は絶対そうだと思うんですけど。興行のコンセプトが、「どうせ俺は人に認められてねえんだ」というスタートです。「だったら認めさせてやるんだ」じゃなくて、「認められてないけど、俺はそのやり方を変えない」っていう。

だから来てくれているお客さんは、人生を肯定されている人たちばかりではないと感じます。ファンレターだったり、売店に来て「普段、自分は会社でこういう立場なんだけど、ハードヒットを観るたびに勇気づけられる」と言ってくださる方もいます。自分と重なる、みたいな。「この時代に寝技だけでやるなんて、どうかしてますよ」って言いながら、涙目で握手してくるんです。

——次回のハードヒットも、グラップリングルールですね。

レスリングでもよかったんですけどね。この間、「週刊プロレス」の表紙に「世間とプロレスする」と書いてあったんですけど。プロレスって、だれでもできちゃダメなはずなんです。レスリングというものに関しては、だれでもできます。赤ちゃんでもできるし、猫がじゃれ合っているのもレスリングです。でも、だれでもできないものをやるのがプロのはずなのに、プロレスという言葉にしちゃってるんですよね。世間とプロレスはできないです。レスリングしないですから。やっぱり僕はレスリングが好きなんですよ。ビジュアルも好きだし、ロジックも好きだし。これ以上好きなものはないですね。

——プロレス全体ではなく、レスリングが好き？

レスリングのプロだからプロレスラー、という意味合いです。

——高校生のとき、アマチュアレスリング全国3位だったんですよね。すごいですよね。

すごいんですよ。ちびっ子レスリングって言って、小中学生からやってる人じゃないと上に行けなかったですから。僕は高校からはじめたんです。中学には格闘技の部活がなかったので、布団相手にレスリングをしてました。ベッドを何回も壊して。親にめちゃめちゃ怒られて。

——じゃあもう、才能があって、という感じですね。

はい、僕は才能の塊です。35になって、ようやくみんな気づきはじめました。もっと才能がある人でも辞めちゃう人が多かったんですけど、結局、どれだけ好きで、辞めないかっていうことが大事だと思います。だって、面白いと思って書いた文章が、いきなりプロレスラーに「書いた奴、ぶっ殺すぞ」みたいなことを言われるわけじゃないですか。それでも辞めないっていうのは、好きだからですよね。辞めないということが、いちばん強いことだと思います。

「UWF系が嫌いだった」

――高校卒業後、パンクラスに入門したのはなぜですか。

元々は嫌いだったんですよ。UWF系が嫌いだったんです。岡山県出身なので、プロレスの情報って「週刊プロレス」でしか手に入らないんですよ。生で観たのは、新日本、全日本、全日本女子プロレス、FMWだけでした。たまに「週刊プロレス」でパンクラスを見ると、みんな同じ格好してるし、蹴ったり殴ったり、関節技しかしてないし。ビデオを借りても、よくわかんないんですよ。途中でキックボクシングをやるし、客席はシーンとしてるし。眠くなっちゃう。それに比べたら、大仁田厚が電流爆破をやったり、グレート・ムタが毒霧を噴いたりするほうが好きでした。

中学を卒業するときに進路希望を書かなきゃいけなくて、僕、生徒会長だったんですけど、普通、生徒会長って第一志望に県立高校を書くんです。でも僕、FMWって書いたんですよ。大仁田厚が2度目の引退をするっていうから、僕が後を継ぎたいと思って。そしたらすぐ親呼び出しですよ。けど先生が「佐藤くんが第一志望にFMWって書いてるんです」って言ったら、うちの母親が「わたしはね、全日本プロレスに行って小橋健太（現・建太）になってほしいの」って言ったんです（笑）。で、この家族ダメだと思われて、FMWに書類を出しました。

でも落ちて、しょうがないからレスリング部のある高校に行ったんです。先輩に「佐藤はどの団体が好きなんだ?」と聞かれて、「僕はFMWが好きです」って答えたら、「お前はまだわかっていない」と言われてパンクラスを観せられたんですよ。最初はなにが面白いかわからなかったんですけど、実際にレスリングをやるにつれて面白さがわかってきました。

ある日、サムライプロジェクトっていうインディー団体が岡山に来たので観に行ったんです。第一試合にいまのミノワマン（美濃輪育久）がアマチュアで出ていて、はじめて生で観るUWF系の人って、めちゃめちゃカッコいいと思って。ミノワマンがパンクラスに入ったので、それで僕もパンクラスに入ろうと思ったんです。

そしたら一回落ちて。二回目に受けに行ったら、船木（誠勝）さんと鈴木（みのる）さんがいて、船木さんがひと言、「俺、あいつの目が嫌い」って言ったらしいんですよ（笑）。鈴木さんが半笑いで、「一回うちで入門試験を見てるから、うちで引き取りますよ」って言って引き取ってくれたんです。なので、鈴木さんとの縁は完全に運です。これでもし船木さんが「あいつはいい」って言ってたら、僕、船木さんの弟子ですもん。そしたら僕いま、プロレスやってないですから。

「プロレスラーは見られる職業なんです」

――師匠と弟子の関係とはどういったものなのでしょうか。

昔のプロレスは大体あったんですけどね。鈴木さんがインタビューで言ってたことなんですけど、「18、19で道場に入ってきた子どもがこれから世に出て行くときに、喋り方が悪い、挨拶ができない、礼儀がなってない。こいつらどこで社会人になったんだって言ったら、パンクラスになってしまう。だから、僕らは親と変わらないですよ」と。ああ、だから厳しいんだって思いました。僕がプロレスラーとして、いま話すことであったり、生活のすべては、鈴木さんから教わったか盗んだことです。

――どんなことを教わったんですか?

もう全部ですよ。電話の掛け方から、言葉遣いから、服装からなにから。こうしろっていうんじゃないんです。「俺は意味があってこういうことをしてるんだ」っていう。「靴を履いて会場に入れ」って、めちゃめちゃ怒られたことがあるんです。夏だったらビーチサンダルを履くじゃないですか。でもプロレスラーが靴を履かずに会場入りするなんて、単純にカッコ悪いだろ、と。それ以来、僕は必ず靴に履き替えて会場入りするようになりました。何年か前の「週刊プロレス」で、普通にビーサンで会場入りする鈴木さんを見ましたけど（笑）。

僕の周りにいるレスラーはみんな、上に憧れて、魔法なのか呪縛なのかが解けずに、伝えていこうとしている人ばっかりですね。自分の好きなことだけやればいいや、という人たちではないです。「プロレスラーはグリーン車以外、乗るなよ」って言う人もいます。あんた、めちゃめちゃ金ないやん、と思いますけど（笑）。アントニオ猪木が、ジャイアント馬場が、自由席に乗らないのと一緒だよ、と。僕はいま全日本プロレスでアジアタッグのベルトを巻いていて、ついこの間まで世界ジュニアヘビーのベルトを持ってたんですけど。自分の生活のひとつひとつに、「世界ジュニアのベルトを巻いている奴が、こんなことをしてちゃダメだ」というのがありました。

いまプロレスラーとして生活させてもらって、こうして取材されて、街に出ればプロレスラーとして声を掛けられてっていう人間なのに、プロレスラーとして以外に投資をする意味をあんまり感じないんです。儲かったお金は全部、2台目の車の頭金にしてます。若者が車から離れていく時代に、中年のプロレスラーが車にひっつくという。

――ちなみに、どの車に乗りたいんですか？

86です。トヨタのスポーツカー。今日の会場は品川プリンスホテルなので、お客さんも同じ駐車場を使うんですよ。一緒の駐車場から出るときに、銀色の軽自動車で出ていくのか、それともベンツで出て行くのかっていうことです。プロレスラーは見られる職業なんですよ。こんな時代だからこそ、プロレスラーはそういう人種じゃなきゃいけないと思うんです。40超えたらGTRですよ。1000万くらいします。

――現在、全日本プロレスを主戦場にされていますが、佐藤選手から見て、いまの全日本はいかがですか。

全日本は全日本です。DDTが両国国技館を埋めた、大日本も埋めた。それは素晴らしいことだと思うんですけど。やっぱり地方に行って、親や親戚に「全日本プロレスのチャンピオンベルトを獲った」って言ったら、そっちのほうが伝わるんですよね。DDTのベルトって言っても、わかってもらえなかったんです。そこは根強いと思うんですよ。でも、田中タイムとか、唯我《ゆいが》自主興行にも出る。全日本の人からしたら、「あいつ、なんであんなことしてんだろう?」っていう活動だと思うし、理解されないと思います。

――全日本と他の興行では、闘い方は変えていますか?

振り幅が大きいってよく言われるんですけど、僕としては変わらないですね。去年、キックボクシングとパンクラスに出たんですけど、「プロレスでやってることと同じことしかしてない」ってみんなに言われました。メイド服を着ても蹴りと関節技しか使わないし、パンクラスに出ても蹴りと関節技しか使わない。シュートボクシングに出たときは、そこから関節技を引いただけです。文章を書くときに、使う言語を変えないでしょ? それと同じようなことだと思いますよ。

「性的嗜好もおかしかった」

――メイド服などのコスプレをされていて、見た目の振り幅も大きいのかなと。

それはただ、女装が趣味なんです。これもいまのプロレスの伝わり方の弊害だと思うんですけど、キャラだと思われるんですよ。僕は「変態レスラー」って呼ばれてるんですけど、「普段は変態じゃないんでしょ」って言われるんです。でもメイド服はホントに私物で、家の鏡の前で着てみたら、めっちゃええやんと思って。締め付け具合が（笑）。パンクラスの忘年会に着て行ったらウケたんで、公開練習で着てみたらすごく反響があって。それでいまだにやってるだけです。これをやったら目立つだろうっていうんじゃなかったです。スクール水着を着て試合をしているときも、あれ私物ですから。

――変態と呼ばれているのは、そういったコスチュームを着ているから？

着る前からですね。性的嗜好もおかしかったですし。それが格闘技のやり方に表れて評価されたからこそ、変態レスラーって名乗っていいんだろうと思います。

――どのような性的嗜好なんですか……？

中学のとき、種子島オナニーっていうのを考えたんですよ。授業でH2ロケットの打ち上げ映像を観たんです。青い空に飛んでいくH2ロケットを見たときに、もう感動して。自分でもなにかやりたくなったんですよ。学校の帰り道、土曜日の午後ですごく晴れていて、なにか打ち上げたいと思ったんでしょうね。家の屋根に上って、そこでオナニーしたんです。解放感と、だれかに見られてるんじゃないかというあれで、すごいよくて。

高校のときは、バスの中でオナニーしたことがあります。朝、ガラガラのバスのいちばん後ろに座ってたら、ガラガラなのに、わざわざ僕のひとつ前の席に吹奏楽部の女の子が座ってきたんですよ。やべえ、こいつ俺のこと好きなんじゃないかと思って。でも声を掛ける勇気はないし、どうしようと思ったとき、こいつで抜くしかないと思って、無表情でその子を見ながらオナニーしました。……こういうのを、面白おかしく人に話す性的嗜好です（笑）。

——アハハハハ！

そういうのをよく言う奴だったし、格闘技もちょっと変態的だったんですよ。しつこくて、足関節ばっかり好きで。普通は腕十字とかスリーパーホールドとか、リスクの少ない技をやりたがるんです。足関節はリスクが大きいんですよ。けど、何度言われても足関節しかやらなかった。それを鈴木みのるは面白がり、半ば諦め、勝ったり負けたりを繰り返し。でもやっぱりやめなかったですね。好きだったから。

「足りないものを埋めていくから面白い」

――いちばん好きな技は？

　これが決まると脳から紫色の液体が出るのは、カニバサミです。普通、カニバサミってロープ際で足を引っ掛けて相手を前側に倒すんですけど。僕はロシア式で、飛び着いたら後ろ側に倒すんです。この技が高校のときから得意で。だれも教えてないし、だれも使ってないんですけど。ビクトル古賀さんっていうサンボのパイオニアの裏ビデオがなぜか道場にあって、カッコいいと思ったんですよね。いまでもたまに使います。

――佐藤選手は派手な技よりも、レスリングでじっくり魅せるイメージです。

　派手な技をやってるつもりなんですけど（笑）。まあ、必要ないんじゃないですかね、自分には。パンクラスのときも、鈴木さんは「プロレスラーがやる総合格闘技」という指導をしていたので。万能じゃダメなんだ、面白くないだろと。ロープに振ってドロップキックもやって、鋭い蹴りも関節技もやるけど、スープレックスもやるし、コーナーからも飛ぶ。一見、理想的でそういう選手もいるけど、実は人気がなかったりする。足りないものを埋めていくから面白いんじゃないの？　っていう。鈴木さんは、できないものは放っておけばいいんだよ、お前は常にホームランだけ狙えっていう人だったから。だから必要ねえんだって。

いつの間にか足関節で業界でも上のほうにいって、それでプロレス界に来たら、もちろんプロレスの技もいろいろ練習したんですけど、違うなと。外に飛んだらもっとすごい奴がいて、スープレックスをやったらもっとすごい奴がいて、顔でいったらもっとカッコいい奴がいて、体格でいったらもっとデカい奴がいて。なんだったらできるんだろうと思ったときに、これだと思ったのがいまのスタイルの走りじゃないかと思います。

いまは僕より小さいレスラーがたくさんいますけど、昔はこの体格じゃプロレスラーになれなかったんですよ。けど、パンクラスに入って鈴木さんに、「強かったらプロレスラーでいていいんだ」って言われたんです。「お前みたいな奴は、本当はプロレスラーになっちゃダメなんだ。俺もそう言われた。でもパンクラスは、強かったらプロレスラーとして存在できるんだ」と。入って1か月くらいのときじゃないかな。

――強さとはなにか。ひと言で言うとなんでしょうか？

辞めないことです。辞めたら、強いということを証明する機会を自ら失いますから。きっぱり辞める人もいるんですけど、ダラダラでもいいから続けることです。生きているかぎり、チャンスは来ます。

――では最後に、次の最強レスラーを指名していただけますか。

鈴木みのるって言うと思ってますよね？　でも鈴木さんはずっと一緒に練習しているし、あと立場上、強いんです（笑）。もちろん闘っても強いんですけど、ここで紹介するのはちょっとズルい気がするんですよね。

僕がフラットに体感して、「うわあ、この人強いな」と思ったのは、全日本プロレスの宮原（健斗）選手です。今年の4月にシングルマッチをやったんですけど、こんなに追い風が吹いている人を見たことがなかったです。人間として追い風が吹いている。そんな風に感じたのははじめてでした。

――ありがとうございました。

あの記事が炎上してから3日間、怖くて一歩も外に出られなかった。4日目にようやく外出したのは、関係者に謝罪に行くためだった。新宿歌舞伎町のバーの地下室で、担当編集者とわたしは3時間、頭を下げ続けた。自分がなにに対して謝っているのか、よくわからぬまま。きっと世の中のいろいろな人が、こうして得体の知れないものに頭を下げているのだろう。

あんなにも恐れていた佐藤光留は、拍子抜けするほど陽気で穏やかな人だった。取材の最後に「本当に申し訳ありませんでした」と謝ると、「いまも怒ってますよ」と言ってケラケラと笑った。

「強いレスラーにインタビューをしていく連載をやりたいんです。タイトルは、『最強レスラー数珠つなぎ』なんてどうですか？」

わたしの突然の申し出に、担当編集者は苦笑いした。いくらプロレス人気が再燃ったって、プロレスは数字取れないよ。まあ、やるんだったら、単行本化できるくらい力入れろよ。それにしても「最強レスラー数珠つなぎ」って、随分チープなタイトルだな。

単行本――。その言葉に、胸が躍った。本を出すのがわたしの夢だ。一生に一冊でいい。一冊でいいから、心底、満足のいくものが書けたら！　そうしたら、ライターを辞めるつもりでいた。

この連載にすべてを賭けよう。強さとはなにか？　ありきたりだが、「強さとは生きるということ」。そんな終わり方になるだろう。しかし、答えを出すことが目的ではない。過程が大事なのだ。わたしはなんとしてでも単行本を出すのだ。そしてライターを辞める。取材をする苦しみ、書くことの苦しみ、生きることの苦しみから、解放されるときが来たのだ。

体を使って、リングの上でなにかを伝えたい

vol. 2

宮原健斗

KENTO MIYAHARA

この連載をはじめるにあたり、必ずいつか名前が挙がるであろうと確信していた選手の名前が、2回目にして挙がった。全日本プロレス最年少三冠ヘビー級王者・宮原健斗。

漫画『SLAM DUNK』にこんなシーンがある。スポーツ誌の女性編集者が、新米編集者に聞く。〝王朝〟山王工業の河田雅史をどう評価するか？　新米の答えは、「大っきくてウマい」。素人丸出しの答えに女性編集者の怒りを買うのだが、宮原の試合をはじめて観たとき、この言葉が脳裏をよぎった。186センチという長身にも関わらず、凄まじいスピードとテクニック、そして爆発力を持つ。今回は、〝大っきくてウマい〟宮原健斗の強さの秘密に迫りたい。

（2016年10月）

Profile

宮原健斗(みやはら・けんと)／全日本プロレス所属。1989年2月27日、福岡県福岡市生まれ。高校卒業後、佐々木健介主宰・健介オフィスに入門。2013年にフリーとなり、全日本プロレス、プロレスリング・ノアに出場。2014年1月、全日本プロレスに入団し、2016年2月、史上最年少で三冠ヘビー級王座を戴冠。エースとして精力的なプロモーションを行うなど、全日本プロレス人気再燃の立役者である。「最高ですか!?」でお馴染みのマイクと、これ見よがしにガウンを広げるパフォーマンス(ファンの間で〝ご開帳〟と呼ばれる)は必見。186センチ、102キロ。Twitter：@KentoMiyahara

vol.2

宮原健斗

「体を使って、リングの上でなにかを伝えたい」

――佐藤光留選手のご指名です。「こんなに追い風が吹いている人を見たことがない」とのことですが、ご自身ではどう思われますか。

全然まだまだですね。もっと大きな嵐を起こせるようにならないと、世間は動かないです。あと千倍くらいです。

――以前、別のインタビューをさせていただいたとき、ドライな方だなと感じました。昨年、主力選手が大量離脱した際、「情はなかった」と。

プロレスラーとしては、情とかそういうものに重きを置いていないですね。あくまでブレないようにしていました。プロレスラーという夢を僕はまだまだ追い続けているので、その夢に対してピュアなままでいたかったんです。

――他にドライな部分として、「プロレスラーが嫌い」と。

そうですね、私生活ではまったく絡まないです。プロレスラーが近くにいると、どうしてもスイッチが入ってしまうんですよ。スイッチのオンとオフを大事にしているので、プロレスラーといても楽しさは感じないです。

――プロレス観を熱く語ったりもしないですよね。

大事なポイントで言おうと思っているので。無駄打ちはしたくないんです。

――このインタビュー、無駄ですか……。

そういうわけではないですけど（笑）。いろんなものが高まったときにマイクで言うとか。そのときにお客さんが賛同してくれればいいだけで。まあ、自己プロデュースですよね。プロレスラーとして、僕はそういう性格なんでしょうね。

――自己プロデュースということだと、Ｔｗｉｔｔｅｒに毎日、自撮り写真をアップして〝自撮り王子〟と呼ばれていますよね。でも、プライベートは謎な感じがするんですよね。

僕のプライベートはファンタジーです。ディズニーランドと一緒ですよ。ミッキーマウスのプライベートってわからないじゃないですか。そういう存在でいたいんです。

――全日本プロレス、かなり盛り返してきています。少し前までガラガラだと言われていたのが、いまでは信じられないくらいです。

会場の雰囲気もそうですし、２０１６年になって、いい波が立ちはじめていると感じます。周りの声としても聞きますし。もっと大きい波を宮原健斗が作っていきます。

――**盛り返しの要因はなんでしょうか。**

僕のおかげじゃないですか（笑）。いや、僕だけじゃなく、若い選手が表に出ているからというのはあると思います。若手が元気というのは、どの業界でも人が集まるポイントですよね。未来を感じさせる力は、若さゆえだと思います。

――**会社としては、どんな戦略があったのでしょうか。**

人それぞれポジションがあると思うんですよ。僕がやるべきことは会場を盛り上げることなので、僕は僕自身のスキルアップに集中しています。大きいものを見ないで、僕自身がスキルアップすれば自然と会社も盛り上がると思うんです。技術だけでなく、表現者としてスキルアップしたいですね。

――**表現者というと？**

いろんなエンターテインメントを見て学ぶんですけど。歌手の方だったら、歌声でなにかを伝えるじゃないですか。僕は体を使って、リングの上でなにかを伝えたいんです。インタビューでプロレス観を語るとかではなく（笑）。

――**なるほど（笑）。参考にしているエンターテインメントは？**

歌手の方の表情を見るのが好きです。お客さんを見る目線とか。あとは前にシルク・ドゥ・ソレイユを観に行ったんですけど、隙がないですよね。開演の30分くらい前から、盛り上げる体勢ができている。お金をいただいているからには、お客さんに満足してもらって帰すということに関してジャンルは関係ないと思います。

「自称・ポジティブ進化系」

——今年（2016年）2月に三冠王者になられて、変化はありましたか。

ベルトに成長させてもらっている部分はあります。いまV3ですが、その都度、変化していってますね。勝っても負けても、興行をひとつずつ締めていたら少しずつ自信が湧いてきて、自覚が増しています。「俺がやんなきゃ、だれがやるんだ?」くらいに。歴史のあるベルトですから、責任も感じていますよ。

——試合内容はいかがですか?

試合に関しては、急に飛び抜けてよくなったという感じではないんですよね。着々と積んできたという感覚です。27歳という若さをよく取り上げられるんですけど、そんなに若いという意識はないんです。もう9年目ですから。

——以前はそこまで目立つ選手ではなかったと聞きます。

なんとなくできる選手でしたね。客観的に見ると、そつなくこなす選手だったと思います。

——いつ頃からエースと呼ばれるようになったんですか?

まだ呼ばれてないですよ。自称・ポジティブ進化形ですから。僕はなんでも自分発信なので、まだまだ世間は認めていません。

――成長速度が速い、とご自身でもおっしゃっていますが。

自分でしか言ってないです（笑）。言ったことに対して、追いつこうとしています。「俺はスピードが速いんだ」と自分に言い聞かせて、その言霊に追いついていくというのが僕のやり方です。

――スランプに陥ったことは？

全日本プロレスに上がる前は、もどかしさがいっぱいありました。フリーになったとき、試合数がすごく少なかったので、モチベーションを保つのが大変でしたね。プロレスラーは試合をしてナンボだなと思いました。いくら練習をしても披露する場所がないと、なんのために練習しているのか疑問に感じてきて、練習に対するモチベーションがなくなっていく。悪循環ですよね。

――どうやって乗り越えたのでしょうか。

あえて考えずに練習に打ち込んでいたら、全日本から救いの手が伸びた感じです。だから全日本には恩義も感じているんですよ。結構いい奴ですよね（笑）。

「入場してワーッとなる選手に憧れます」

――プロレスラーになりたいと思ったのはいつ頃ですか？

小学校3年生くらいのときです。父親がプロレス好きで、その影響ですね。卒業文集にも、「将来の夢はプロレスラー」と書いていました。

――子どもの頃、スポーツは？

中学時代は野球、高校時代は柔道です。大会で優勝したとかは、まったくないんですよ。プロレスラーになるための体作りとしてやっていました。運動神経は普通でしたね。体も細くて、身長は少し大きいくらいで。

――高校卒業後、健介オフィスに入門されました。健介オフィスを選んだのはなぜですか。

全日本や（プロレスリング・）ノアと迷ったんですけど、フィーリングです。僕はフィーリングとかタイミングを大事にしているので。実は高校在学中にテストを受けて、落ちてるんです。それでもう一回受けなきゃというのがあったんですよね。固い考えで、他に行くっていう選択肢が自分の中でなくなったんです。

――かなり厳しい団体だと聞きます。

厳しかったですね。でもしっかりした団体だったら、どこもそうだと思います。厳しくて規律のある合宿所生活を送るのは同じかなと。いきなり大人の世界に入ったので、驚くことばかりでした。練習以外でも、そういうギャップはきつかったです。

――若手が逃げ出すことも多かったとか。

いわゆる〝夜逃げ〟ってやつですね。朝起きたらリアルに布団がなくなっている（笑）。

――健介オフィスを退団してフリーになってから、全日本プロレスに入団されました。ノアのほうが多く出場されていましたが、全日本を選んだ理由は？

いろんなものが完成されていなかったので、興味があったんです。全日本プロレスという名前はあっても中身が変わっていたので、これから新しくなるなと思って入団しました。その頃から、トップに立ちたいと思っていましたね。

――宮原選手が入団した2014年は、団体のトップである武藤敬司さんが退団した翌年です。当時の全日本はどのような状況でしたか。

僕はゴタゴタをそんなに目の当たりにしていないんですよ。会社としては首脳陣が変わったりして落ち着いてはいなかったですけど、あえて関わらないようにしていました。当時25歳で踏み込んでもしかたないとも思いましたし。自分の成長のプラスにはならないと思ったので、耳にしないようにしてましたね。

――精力的なプロモーションの仕方も含め、新日本プロレスの棚橋弘至選手に似ていると言われることがあり

ます。意識はしていますか？

昔、白いコスチュームだったときはすごく言われました。光栄なんですが、意識したことはないんです。僕がプロレスを観ていたのは武藤さんの世代なので、正直あまり観ていないんですよ。プロモーションは、団体を盛り上げようという考えだと、だれでもそういう行動になるんじゃないでしょうか。

――では、目標にしている選手は？

ハルク・ホーガン、武藤敬司さん、佐々木健介さん。華がある選手が好きですね。大きくてオーラがある選手。入場してワーッとなる選手に憧れます。

「イメージに向かって体を動かす」

――宮原選手の試合を観ていると、メンタルの強さを感じます。

自分のプライドを持って、入場からお客さんに見せるということは意識しています。幕を開けた瞬間に自分のピークというか、スイッチをトップギアに持っていってる部分はありますね。そこから表に出る人間になる感じがします。あと、イメージは大事にしますね。イメージに向かって体を動かす感じです。自分が行きたい場所とか、動きの場所をイメージする。リング上だけでなく、こういうポジションに行きたいとか、プロレス界での夢とか、全部を含めて。

――この連載は「強さとはなにか？」をテーマにしているのですが、強さとはなんだと思われますか。

プライドじゃないでしょうか。人それぞれ、いろんな強さがあると思うんですよ。見た目なのか、内側の問題なのか。ある人が弱いと言っても、違う人が強いと言うこともあるし。そういうなかで、自分自身がプライドを持ってブレないことだと思います。僕自身のことを強いと思ったことはあまりないですね。進化の途中ですから。まだまだ終着駅には着いていないです。

――どこまで進化したい？

もっとカッコよくなりたいです。身なりもそうですし。カリスマって、人混みの中でもその人が現れた瞬間、場の雰囲気が変わるじゃないですか。その人がだれだか知らなくても。その域までいきたいですよね。いまはまだ千分の一です。

――これから全日本プロレスをどうしていきたいですか。

認知度をもっともっと上げていきたいです。全日本プロレスという名前は変わっていないですけど、中身がころころ変わっているので。地方にプロモーションに行くと、馬場猪木という名前がいまだに出るんですよ。力道山まで出てくるとお手上げです。街頭テレビなんて言われると、もういいやと思いますけど（笑）。そういう人たちにもう一度、プロレスを観てもらうきっかけ作りをしていきたいですね。

――では、次の最強レスラーを指名していただけますか。

宮原健斗で。

――（笑）。**それはそうだと思うのですが、あえてご自分以外でお願いします。**

じゃあ、ジェイク・リー選手を。

――**ジェイク選手のどんなところが強いと思われますか？**

身長が高くて、ルックスがいい。あと若さもある。表現者にとって、見た目は大事です。とくに身長が高いのは、プロレスラーにとって武器ですよ。お客さんになにかを伝える第一印象として、強いと思います。

――**ありがとうございました。**

宮原健斗は掴みどころがない。ドライかと思えば、時折、熱い思いを見せる。ポジティブの権化のようでいて、ネガティブな発言もする。ナルシストに見えて、謙虚。一貫しているのは、飽くなき向上心だろう。最年少三冠ヘビー級王者になり、名実ともに全日本プロレスのエースとなったいまでも、自分は千分の一にも達していないという。

フィニッシュホールドは、シャットダウン・スープレックス。相手の両腕を封じて投げるダルマ式ジャーマンだが、空中で一旦、静止する。一度止まって、爆発的な盛り上がりを見せる。それはまるで全日本プロレスの未来を体現しているかのようで、胸が高鳴る。〝大っきくてウマい〟宮原健斗に、明るい未来を期待せずにはいられない。

「プロレスは真剣勝負ではない」と言われることがある。だからわたしはこの連載で、真剣勝負をすることにした。レスラーにはガチで次のレスラーを指名してもらう。意図的に流れを作ることはしない。とことんリアリティーを追い求める。そうすることで、プロレスの本質を表現したいと思った。なぜならプロレスは、人間の生の感情がうごめく、純然たるリアルな世界なのだから。

毎日、強さってなんだろうと思いながらやっています

vol.3

ジェイク・リー

JAKE LEE

プロレスラーにインタビューをすると、多くの選手がこう言う。「子どもの頃からプロレスラーになりたかった」。だが、ジェイク・リーの場合は違った。大学在学中、恵まれた体格とウエイトリフティングの実績を買われ、卒業後、全日本プロレスに入団。しかし、プロレスの知識はない。技術もない。わずか9か月余りでプロレス界から姿を消した。その後、総合格闘技を経て、2015年、プロレス再デビューする。

27歳。プロレス歴、2年2か月。ジェイクはいま、なにを思ってプロレスと向き合っているのだろうか。

（2016年10月）

Profile

ジェイク・リー／全日本プロレス所属。1989年1月19日、北海道北見市生まれ。本名、李在炅（り・ちぇぎょん）。高校在学中にウエイトリフティングをはじめ、平成国際大学在学中、全日本選手権５位入賞。全日本プロレスからスカウトを受け、2011年1月に入団するも、同年10月に引退。整体師として働きながら、総合格闘技に取り組む。2015年5月、プロレス再デビューし、宮原健斗のパートナーとしてメインイベントにも多数出場。2018年6月、自身が中心となり新ユニットSweeperを結成。全日本のリング上に新風景を描くため、激闘を繰り広げている。192センチ、110キロ。Twitter：@JL_LCG_0119 vol.8

ジェイク・リー

「毎日、強さってなんだろうと思いながらやっています」

――宮原健斗選手のご指名です。三冠ヘビー級王者から〝最強レスラー〟と言われて、いかがですか。

単純に、「えっ、僕?」と……。けど価値観は人それぞれなので、僕に強くなってほしいという希望だったり、健斗さんなりのイメージなんじゃないかなと感じました。

――ジェイク選手の強みとして、「192センチの長身とルックス」とおっしゃっていました。

ルックスはなんとも言えないですけど(笑)。身長はどれだけ自分が努力しても、どんな名トレーナーであっても選手に授けることはできないので。それは親に感謝ですよね。僕らがやっているのは闘いを見せることなので、大きければ大きいほどお客さんに伝わりやすいというのはあると思います。

――元々はウエイトリフティングをやられていたんですよね。

中学、高校、大学と、10年間やっていました。特別、ウエイトリフティングという競技が好きだったわけじゃないんです。僕が通っていた学校は生徒数が少なくて、部活動が限られていたんですよ。男子だったらサッカーか、陸上か、吹奏楽か、重量挙げ。すごい極端なんですけど(笑)。小学校のときはサッカー部だったんですが、サッカーってチームプレイじゃないですか。自分ひとりの力でどこまでやれるのかということに興味を持ったんです。

――それが大学まで続けられたんですね。

大学は推薦で入ったんですけど、途中で辞めるわけにはいかないという思いもありましたし、なんだかんだで4年間やりましたね。

――全国大会5位の実績を買われて、全日本プロレスにスカウトされました。

そういう実績もありましたし、人との縁もあってお話をいただきました。僕は決して、重量挙げ選手として極めて高いパワーを持っている選手ではなかったんですよ。怪我にも悩まされて、復帰するのに時間がかかった時期もありました。全日本にスカウトされてから入団するまでは、とりあえず重量挙げの実績を作ることだけに専念しろということで、ひたすら重量挙げの練習をしていましたね。

「プロレスは、相手はバーベルじゃなくて人間」

――プロレスをはじめたのは、全日本プロレスに入団してから?

それまで格闘技というものをまったくしてこなかったんです。普通はプロレスラーになるために、高校の頃からレスリングや柔道をやって、基礎体力をつけて、プロの世界に入ってもすぐについていける下準備をするんですけど。僕はそういうことを全然やってこなかったんですよ。だから入った当初はものすごく苦労しました。

――どんな苦労だったのでしょうか。

重量挙げは、ものの数十秒で終わる競技なので、体力づくりの練習なんてほとんどやらないんです。一発に賭けるために、どれだけ高重量を扱って練習するかという感じで。インターバルは自分のペースでやりながら、その瞬間だけ集中すればよかったんですよ。けどプロレスは、相手はバーベルじゃなくて人間です。相手選手に合わせなきゃいけないし、自分が余裕を持ってリードしなきゃいけないときもある。その分、体力、気力ともに充実しないといけないんですよね。

――技に関してはいかがでしたか？

なにもわからなかったです。ラリアットとかドロップキックとか、一般的に知られているポピュラーな技は知っていましたが、小さい頃から憧れて観ていたわけではなかったので。毎日のようにプロレスを観ろと、いつも言われていました。

――最初にはじめたのはどんなことでしたか。

基礎体力があまりにもなかったので、技以前の問題でしたね。もちろん練習生はみんなそこからスタートするんですけど、僕の場合はそれがひどすぎて。例えば腕立て伏せにしても、セットを刻んで何百回もやるわけですよ。でも僕は序盤でバテて、できなくなっちゃうんです。体力がないから、それを継続する持久力が皆無に等しかったです。

——入門してからデビューまで、5、6か月ですよね。その間にすべて身につけたんですか？

いや、全部が全部じゃないんですよ。とにかくできることをやるしかない。あとは覚えていくしかないという感じでした。相手選手がいるからプロレスは成り立つということを、そのときすごく実感しました。一定の水準まで達していない当時の僕を引き出してくれたのは、相手選手です。だから試合として成立したんですよね。

——その後、9か月余りで引退されました。

デビューして、実際に完走したのは1シリーズだけでした。次のシリーズのときに途中で怪我をしてしまって、負傷欠場という形になったんです。「俺はなんのためにこの競技をやってるんだろう？」と疑問に感じて、要は心が折れちゃったんですよね。引退してからは地元の北海道に帰って、整体師の仕事を3、4年くらいやっていました。

——整体師のお仕事をされながら、総合格闘技を？

学生時代、プロレスの代わりじゃないですけど、K-1とかPRIDE（総合格闘技イベント）は観ていたんです。総合格闘家になりたいという気持ちも強くて、高校3年生のときに親に相談もしてるんですよね。でも母に、「大学だけは行っておきなさい。それでも志が変わらないなら好きなようにしなさい」と言われたんですよね。

だから、「やっと自分のやりたいものに足を踏み入れることができた」という感じでした。仕事が終わってから道場に行って、ミットを叩いたり、スパーリングをしたり。どこにでもいる、趣味で格闘技をやってる人でしたね。アマチュアの大会に出させてもらったことは何回かあるんですけど。

「俺、なにやってるんだろう？」

――なぜプロレス界に戻ってきたのでしょうか。

整体の仕事をやりはじめて3年くらい経ったときに、並行してスポーツトレーナーの仕事をはじめたんです。僕としては幸せだったんですよ、すごく。けど、どうしても引っ掛かるものがあったんです。それがプロレスだったんですよね。

いろんな方のサポートがあって、デビューまでなんとかこぎつけて、でも1シリーズしか完走せずに、「気持ちが折れたから辞めます」となってしまった。それが心残りでしかたなくて。このままじゃ、自分が死ぬときに絶対に後悔するだろうなと思ったんです。自分自身の後悔の念をなくすために、もう一回戻って答えを見つけよう、もしかしたらその先になにかあるかもしれない、と思ったんですよ。

――一度心が折れて復帰をするのは、相当な勇気がいったんじゃないかなと。

正直、毎日が不安の連続でした。一回デビューしているから、ある程度はできるだろうという期待の目で見られましたし。けど実際のところ、ほとんどなにもできずにデビューさせてもらったので、本当にゼロからのスタートでした。ただ、最初にデビューした当時の全日本の社長は武藤敬司さんだったんですけど、その後、武藤さんはＷＲＥＳＴＬＥ‐１を立ち上げて、ほとんどの選手がそっちにいったんです。なのでデビュー当時の僕を知っている選手は限られた人たちだけで、そういった部分でやりやすさはあったかもしれないです。

――かなり異色な経歴ですよね。

例えば大学を卒業して、内定をもらって企業に入ったとします。7、8か月そこらで心が折れて辞めました。アルバイトをしながらコツコツお金を貯めていました。けど、その企業に未練があるから、またその企業に就職した、という感じですね。それが僕の場合、プロレスだったんです。そういう風に考えたらあり得ないですよね。

――精神的に病んでしまった？

うつ病に近い感じでした。元々、芯が強い人間ではないので。地元に帰って2、3か月はずっと家に引きこもっていました。「俺、なにやってるんだろう？」と思いながら。でもその経験があったからこそ、物事に対する受け止め方が変わったんです。自分に対してプレッシャーをかけ過ぎず、気負わず、高望みをしなくなりました。僕はコツコツいろんなものを積み重ねていく人間なんじゃないかなと思います。ギャンブルみたいに一発逆転ではなくて、本当にコツコツ、コツコツですね。

「自分のためにという感情がどんどん芽生えてきた」

――プロレスラーとしても、高望みはしていない？

していなかった時期もありました。再デビューした当初なんかは、とりあえずもう一度リングに上がって、ファンの方たちのために頑張ろうというのはあったけれども、自分がチャンピオンになりたいとか、どうなりたいという目標はあまりなかったです。どちらかと言うと、どういう風にしてお客さんを喜ばせるかということばかりで。けど、最近だいぶ変わってきました。

――どのように？

去年（２０１５年）、全日本の大量離脱があったとき、主力選手が次々といなくなって、「新人です」なんて言える状況じゃなかったですし。パートナーが健斗さんというのもあって、メインで試合をすることが多くなったんですよね。メインを張ることで、いろんなことに気づきはじめました。どれだけ頑張ってもメインの試合に辿り着けない選手もいる。そういう選手は喉から手が出るほど欲しいチャンスを僕は物にしているのに、すごく勿体ないなと思ったんです。そこから意識が変わってきました。

――いまの目標は？

ＮＥＸＴＲＥＡＭというチームが４人になったので、その中でいちばん強くなろうと思っています。いつまで経っても健斗さんが隣にいないとなにもできない選手にはなりたくない。いちばん変わったのはそこなんですよ。自分のためにという感情がどんどん芽生えてきたんです。いままでは、周りがいるから、周りのお陰で、周りのためにと、全部人任せだったんですよね。けどそこに、自分の感情が宿ったというか。このままでいいのか。せっかくここまで来たのに、お前は自分の意志を持たないのか。どうせやるんだったら、隣にいる三冠チャンピオンを超えてやるっていう気持ちでやらないと、ここに戻って来た意味がないぞと、自分に言い聞かせています。

――これからどんなレスラーになりたいですか。

「こいつ、なに考えてるんだろう？」と思われる選手になりたいです。強い人がいる、大きい人もいる、楽しさを表現する人もいる、〝明るく楽しく激しく〟という全日本の三原則を見せている人もいる。そのなかで自分がより目立つために、なにか奇抜なことをしなくちゃいけない。「たまにこいつ、ヘンなことやるよな。でもこいつ、なんかすごいよな」と思われたいですね。締めるところは締めるけど、緩いところは緩い。そんな風になりたいです。

――では、次の最強レスラーを指名していただけますか。

崔領二《さいりょうじ》選手を。自分と同じく蹴りを使うファイトスタイルという部分で、特別な感情があります。長身で、決してパワーでガツガツいかずに、一発ですべての流れを変える武器を持っている。選手以外の部分でも、ランズエンドという団体を立ち上げて、同じプロレスラーとして尊敬しています。

――最後に、ジェイク選手にとって強さとはなんでしょうか。

僕が聞きたいくらいです。毎日、強さってなんだろうと思いながらやっています。物理的な強さだったり、気持ち的な強さだったり、強さにもいろいろ種類があるじゃないですか。ひと言で言うのは、すごく難しい。けど、そのなかでも僕が崔領二という選手を選んだ理由のひとつは、いままでにないものにチャレンジしているからです。起業することと選手を並行してやるのがどれだけ大変なことか、見ているだけでもわかりますから。

――ありがとうございました。

器用な選手ではない。苦悩や葛藤がありありと見えてくる。その人間臭さが、ジェイク・リーという選手の魅力であり、強さだと感じた。観る側が、自分と重ね合わせることができる。それはプロレスラーにとって大きな武器であると思う。ジェイク・リーは決して、イケメンで背が高いだけのレスラーではない。紆余曲折ありながら、「いま、プロレスが好きです」と真っ直ぐに話す彼のまばゆさに、早く世間が気づいてくれることを願う。

インタビューを終えたわたしは、その足で銀座へと向った。7丁目にリクルートのビルがある。新卒で入社し、2年3か月で退職した会社だ。プロレス歴2年2か月のジェイク・リーと当時の自分を重ね合わせ、無性に銀座の街並みが恋しくなった。

同期の男性に電話を掛け、近くの呑み屋に入った。10年近く経っても、なにも変わらない。街も、人も。そう言うと彼は、少し後退した自分の頭を指さして笑った。

「そやかて、ライター一本で食ってけてるんやろ？　尊敬するわ」

そうかな、とわたしは言った。

リクルートに入社して一年半。あまりの激務でうつ病になり、休職した。半年後に復職が決まると、広告制作課から企画統括課への異動が言い渡された。与えられた仕事は、Ｅｘｃｅｌのデータ入力。だれにでもできる簡単な仕事だ。しかしわたしは、データ入力が絶望的に苦手だった。だれにでもできることが、わたしにはできない。昔からそうだった。修学旅行の夜、先生が見回りに来る。それまでバカ話に花を咲かせていた友人たちは一斉に寝たフリをしたのに、わたしだけ笑いが止まらなくなり、別室で寝かされる羽目になった。暗く、長い夜だった。

制作課へ戻してほしいと課長に懇願したが、叶わなかった。そんなとき、社内論文コンテストが開催された。チームマネジメントの成功事例、パフォーマンスの上げ方、コンサルティングとしての広告制作……。日々、Ｅｘｃｅｌと葛藤しているだけのわたしにそんなことが書けるはずもない。しかたなく、うだつの上がらない社会人生活を綴った。タイトルは、「落ちこぼれのスキマ産業」。落ちこぼれても、わたしはこうして生きてます。

後日、部長に呼び出された。いよいよクビになるのかと思いきや、論文を絶賛された。「そのうち、芥川賞でも獲るかもね」――。だったら会社を辞めて、ライターになります。その場で退職の意を表した。すぐ調子に乗る。世間知らずで無鉄砲。昔からそうだった。

当時、リクルートの初任給は年収５００万円。30歳で１０００万円と言われていた。あのとき辞めていなければ、いま頃、ブランド品を買い漁り、高級エステで女磨き。六本木のセレブパーティーでアラブの石油王に見初められ、第三夫人の子だくさん。

「ライター一本で食ってけてるんやろ？」

……食ってけてるわけないやん！

来月のバイトのシフトを提出し忘れていたことを思い出しながら、わたしの心は泣き叫んでいた。

逸材は山ほどいます。
でもその選手がいくらになってんの？という話です

vol.4

崔 領二

RYOJI SAI

〝トンパチ〟――。格闘技の世界でよく使われる言葉で、「型破り、規格外、破天荒」といった意味を持つ。

崔領二がトンパチと言われる理由は、おそらくふたつある。ひとつは、喧嘩っ早く、一度キレたらなにをしでかすかわからないファイトスタイル。もうひとつは、今年（2016年）3月に旗揚げした団体・プロレスリングLAND'S ENDの経営スタイルだ。3億円という謎の融資を受け、1億円のマンションを購入。不動産運用でバンバン海外進出――。プロレスリングZERO-ONE（現ZERO1）での活躍を知る人からは、「崔はいったい、どうしちゃったんだ……」と半ば呆れ、半ば心配する声も上がっている。

崔領二はいったい、どうしちゃったのか。壮大な〝ランズエンド帝国〟計画の真相に迫った。

（2016年11月）

Profile

崔領二（さい・りょうじ）／プロレスリングLAND'S END所属。1980年6月3日、大阪府大阪市生まれ。15歳でイギリスのハイスクールに留学。卒業後、オランダの格闘家ジェラルド・ゴルドーのもとで修行。帰国後、ZERO-ONEに入団し、2001年9月1日、プロレスデビュー。フジテレビ系列「あいのり」に出演し（ニックネームはレスラー）、世間での認知度も高い。2016年3月、プロレスリングLAND'S ENDを旗揚げ。格闘技をベースにした強烈なキックは、観る者を震え上がらせる。経営者としてランズエンドをどこまで大きくできるのか、ファンの関心を集めている。190センチ、105キロ。Twitter：@landsendsai

vol.4

崔領二

「逸材は山ほどいます。でもその選手がいくらになってんの？という話です」

――まず気になるのが、ブログのタイトルが「おいしい紅茶の飲み方」という（笑）。

例えば「崔領二・筋肉日記」なんて、だれが見んねんという話じゃないですか。まあ、簡単に言うと、村山由佳さんの著書『おいしいコーヒーのいれ方』のパクりです（笑）。イギリスに留学していたのもあって、紅茶にしたんです。

――15歳でイギリスに留学されたんですよね。

技の名前にもなっているんですけど、シドマスという場所です。ランズエンドにも少し住んでいました。

――ランズエンドというのは地名だったんですね。

大陸の果てにあるので、「LAND,S END」というんですけど。イギリスの左端にあって、地球がまだ平坦だとされていた時代に、そこが世界の果てだと思われていたそうです。僕はプロレスをはじめてから、ずっと大陸を走り続けてきたんです。残り限られた現役生活のなかで、最後に会社を立ち上げて大勝負を賭けるにあたり、これはいま、大陸の果てだなと。そこから航海がはじまるなと思ったんです。

——中学卒業後、イギリスに留学されたのはなぜですか。

脚本の勉強がしたかったからです。映画『羊たちの沈黙』を観たとき、ジョディ・フォスターが本当にカッコよくて、この仕事がしたいと思ったんです。猛烈に惹かれたんですよ、なにかに。バスケットの特待生で高校進学が決まっていたんですけど、次の日には「イギリスに行きたい」と学校の先生に言いました。

——日本で脚本を学ぶという選択肢はなかった？

それがいちばん賢かったんだとは思うんです。英語も喋れないし。でも日本じゃないんだよ、というのがあったんですよね。いま掴みたいのはこの国にある、みたいな。自分のモチベーションを上げるためにも、知らないものを知りたかったんでしょうね。航海がしたかったんです。

——イギリスのハイスクール卒業後、オランダに行かれた。

アントニオ猪木さんとも試合をしたジェラルド・ゴルドーという人のもとで、格闘技をやりました。

——なぜ格闘技の道へ？

当時、母親から日本のスポーツ誌をたくさん送ってもらっていたんです。そのなかで、プロレス雑誌にピンときたんですよ。『羊たちの沈黙』を観たときのように。成績も優秀だったし、ロンドンの映画会社でアルバイトもしていたので、そこでやっていくこともできたんですけど。でも大きいパイのなかで、脚本というもので競わなくていいと思ったんです。いまじゃないと思ったんですよね。

「僕はやったもん勝ちだと思っています」

――帰国後、21歳でプロレスリングZERO－ONEに入団されました。なぜZERO－ONEだったのでしょうか。

ジェラルド・ゴルドーが日本で試合をするとき、セコンドについたんです。そこでゴルドーが橋本真也さんに、「うちの弟子は190センチ近くて、格闘技も強い。お前のところでどうだ？」と言ったらしいんです。それで橋本さんに呼び出されて、「やるのかやらないのか、いま決めろ」と言われて。断ろうと思ったんですけど、なぜか半分キレてるんですよ（笑）。あまりの圧力に「はい、やります」と答えました。その2日後、後楽園ホールでデビューしたんです。

――2日後ですか!?

たぶん世界的に見ても、プロレス界の最短記録です。もちろん下手くそで、「あんなのデビューじゃない」と人は言うんですけど、公式に残っているんです。2001年の9月にプロレスデビューしたと。僕はやったもん勝ちだと思っています。

――その考え方は、きっといまにつながっていますよね。

結局、理屈じゃないんですよね。感性を大事にしたいんです。もちろん綿密な計算があってのことなんですけど。人生の岐路に立ったときに、そのチョイスって感覚でいいんじゃないかと僕は思います。成功しても失敗しても、背負うのは自分ですから。

――その後、「あいのり」（フジテレビ系列・恋愛バラエティー番組）に出演されました。ニックネームは〝レスラー〟。「あいのり」出演も感覚的なチョイスですか。

21歳でデビューして、それなりに活躍はしても、28歳くらいになるとちょっとした答えが出てくるんですよ。高く売れる奴って、たぶん時間を要さないんです。なので、僕は実力がなかったというひとつの結果なんでしょうね。飛躍できなかったんですよ。あるとき試合後に、やばいと思ったんです。華々しくイギリスに行って、輝かしい経歴でデビューして、でもそこからいいポジションに行けるわけでもなく。そんな僕はいま、28だと。このままなんのブームを作ることもなく終わってしまうという危機感を覚えたんです。それですぐ、「あいのり」に応募しました。

――「あいのり」でどんなことを得ましたか。

例えば海外で戦争があったときに、専門家が評論しますよね。でも、その人はそこに行ったことはないじゃないですか。僕が「あいのり」に出て思ったのは、自分の目で見たもの以外は話半分にしようということです。そこにはそこのルールや考え方がある。僕たちがテレビで観たりすることって、やっぱりある程度、だれかに操作されたものなんですよ。テレビは「イタリアの青の洞窟が素晴らしい」とか言いますよね。でも実際に行ってみたら、大したことないんですよ。海がちょっと光ってるだけで。自分の目で見たものだけを信じようと思うようになりました。

——ちなみに、「あいのり」では恋愛に発展したんですか？

その前に、番組が終わったんですよ。なんのために行ったんやろ、みたいな（笑）。

「プロレス界は、ただの村社会」

——今年1月にZERO1を退団されたのはなぜですか。

ZERO1は自分を育ててくれて、感謝してるんですけど。デビューして、2年欠場して、5年くらいなんでもない時期があって、「あいのり」に行って、帰ってきてチャンピオンになって、またもう一回名前が売れて、また落ちて、また売れて。僕なりに走ってきた道が、地の果てまで来ちゃったんです。いまやれることに関しては限界だろうと。チャンピオンになったって、チャンピオンは日本にいっぱいいるし、ベルトだっていっぱいある。でもプロレス界のなかで僕の能力って、いろんなものを含めたら飛び抜けていると自負していたんです。それをフルに出せるものを掴みにいきたいと思ったんですよ。ここからはもう、自分の船で大航海がしたいと。

――飛び抜けている能力とは？

発想だと思います。特別ＩＱが高いわけでもなく、身体能力にしても、体は大きいけどプロレス界では埋もれてしまうとわかっていたので。合わせ技一本だと思ってるんですよね。だれも思いつかないことをいちばん最初にやれることが、僕が長けていることだと思うんです。

――そしてついに、プロレスリングLAND'S ENDの旗揚げですね。いきなり3億円の融資を受けて、1億円の不動産経営……。すごいことになっています。

お金がありますよ、と自慢したいわけでもなんでもなくて。プロレスが好きで、プロレスラーの地位が上がってほしいと心から思っているんです。世の中の人がプロレス界を見たときに、ただの村社会だと思うんですよ。まず、動いている金額があまりにも少ない。自己満足が多過ぎる。素晴らしい試合はいっぱいあると思うんです。けど、それがそのまま伝わっていたら、現代の力道山みたいな人がいてていいと思うんですよ。だけど伝わっていないんです、確実に。スーパースターなんて、いまひとりもいないですよ。逸材は山ほどいます。でもその選手がいくらになってんの？という話です。どんなにいっても年収2千万円以下ですよ。

――3億円の融資はどのように受けたんですか？

眠っているお金があるなら、僕に投資をしてくださいと言ったんです。「3億円くださいなんて言いません。14年間、貸してください。不動産収益を拠点とした確固たる収入を持ちながら、団体を応援していきます。3億円は一切、減らしません。14年後に、きっちり返します。それで、あなたが育てたランズエンドという団体を一緒に分かち合いましょう。その代わり、利息は取らないでください」。それで3億円、借りたんです。1億円でランズエンドマンションを買って、残りのお金で不動産事業、飲食事業をやっています。

――そんなにうまくいくものなのでしょうか……。

いろんな会社の方が応援してくれていて、3億とは別に4年で1億。これはあげると言われました。年間2500万です。それを割って振り込んでくれています。月で計算すると、200万強です。

――それはすでに貰っているんですか？

3か月前から貰ってます。それはたぶん、僕にプロレス界で1番の高給取りになってほしいからなんですよ。年収2000万以上の奴なんていないなか、僕は2500万を勝ち取った。だから声を大にして、若い奴らに「自分の感性を大事にしろ」と言いたいんです。3億円にしろ1億円にしろ、ランズエンドの運営費も入っているので全部は使えないですよ。でも僕は、お金は惜しまない。いくらでも使う。5000万円でグッズを作ったんですけど、周りに与えることからはじめたいんです。

――ちょっと怪しい感じもしますが……。世間の風当たりはどうですか？

あいつは裏で汚いことをしているとか、散々言われてると思うんですよ。でもなにを言ってもらっても結構です。最初にやるんだから、そもそも比べることなんてできないし。僕は新しい冒険をして、それに追随する後輩たちが出てきてくれたらいいなと思っています。自分本位な先輩ばかり見てきましたから。僕は自分の城で、一生懸命、頑張っている若い奴らにチャンスをあげたいという考えですね。宮古島で無料興行をやったとき、行きたいという選手、能力が高い選手、いい雰囲気を作ってくれる選手、20人全員連れて行きました。全部で300万ですよ。僕が引退したあとも、最高のロールモデルになってくれるような選手が育つ環境を整えたいと思っているんです。

「努力の強さなんて、限界がある」

——今後のプランは？

アジアを拠点に、香港、台湾、ベトナム。ヨーロッパツアーもやります。儲けたいわけではないんです。各国にいる僕みたいな選手を引き上げたいんです。どんどん日本に呼んで、僕が持っているノウハウをすべて教えてあげたい。世界中の化け物を日本に連れて来て、日本で試合をさせたい。世界は世界で、ネットワークを作りたい。その先にあるのがどんなものなのか、僕も知りたいんです。

——最後に、この連載のテーマである〝強さ〟とはなんだと思われますか。

強さとは、イコール優しさじゃないといけないと思います。努力の強さなんて、限界があるんですよ。殴って駄目ならナイフで刺す。ナイフで駄目なら撃ち殺す。次はミサイルが来る。これって、ホントに終わらないんですよ。強さってそこじゃないと思うんです。人間は基本、孤独です。自殺する人がこれだけ多くて、生きていくって大変なことばっかりです。けど、人が弱ったとき、つまずいたとき、その手を引き上げてあげられる存在であることが強さだと思います。人は結局、だれかに引き上げてもらわないとなにもできないんですよね。

――では、次の最強レスラーを指名していただけますか。

若鷹ジェット信介ですね。エクスカリバーの代表で、飲食店をたくさん経営しながらプロレスをやっています。クレバーさでいろんなものをリカバーしようとしている選手ですね。まずはプロレスの仕組みや組織を作って、ベースからしっかり固めていきたいという技巧派です。

――ありがとうございました。

若鷹ジェット信介……。崔領二はすべてにおいて、想像を超えてくる。若干の怪しさも否めない。しかしこの日、取材を行った飲食店で子どもたちが崔の周りに集まってきたとき、「学校で流行らせるんやぞ」と笑いながらラリアットを教えていた。その優しさだけは紛れもなく本物だと思った。強さとは、優しさ。その言葉はたしかに、崔のなかの軸として存在しているに違いない。

この連載はガチでやろう。そう決めたものの、若鷹ジェット信介の名前を聞いた瞬間、不安に襲われた。現在のプロレス界において、メインストリームの選手とは言えない。ガチでやると、こういうことになるのか……。もっとメジャーな選手に登場してもらわなければ、アクセス数は稼げない。単行本化も夢のまた夢だ。それよりなにより、若鷹ジェット信介が強いとは思えなかった。

強さとはなにか？　わたしのなかで、答えは出ていた。強さとは、身体能力の高さであり、洗練された技術であり、強靭な精神力だ。それを兼ね備えているのは、若鷹ジェット信介ではない。若鷹ジェット信介ではないのだ！

わたしのなかで、答えは出ていた。

僕はこれ以上、お客さんに嘘をつきたくない

vol.5

若鷹ジェット信介

SHINSUKE JET WAKATAKA

2007年、大晦日。全国ネットで「ハッスル祭り2007」が放映された。髙田延彦、グレート・ムタ、天龍源一郎、川田利明……。名だたるレスラー陣に加え、豪華キャスティングの芸能人たちがリングに上がり、年の暮れの日本を熱狂させた。

その後、人気は次第に下降。ハッスルは消滅したかに思われた。だが、まだ終わってはいなかった。さいたまスーパーアリーナで〝ハッスル最終回〟を実現すべく、2人のレスラーが「ハッスルMAN,Sワールド」として活動を続けていたのだ。その2人とは、若鷹ジェット信介と、UEXILE。

しかし今月（2016年12月）19日、ランズエンド新木場大会にて、ハッスルMAN,Sワールドは突然の解散を発表した。東京の片隅でひっそりと、ハッスル最終回は執り行われた。ハッスル最後の最後の日、リーダーである若鷹ジェット信介はなにを思ったのか。

（2016年12月）

Profile

若鷹ジェット信介(わかたか・ジェット・しんすけ)／プロレスリングLAND'S END所属。1977年4月14日、福岡県福岡市生まれ。ZERO-ONE生え抜きとして、2002年5月21日、対高岩竜一戦でデビュー。長期欠場、海外・国内武者修行を経て、一時引退。復帰後、「ハッスル」の広報を担当。2010年、坂田亘が旗揚げした「ハッスルMAN'Sワールド」に参加。飲食事業を展開する傍ら、ハッスルを継承し活動を行ってきたが、2016年12月19日、解散を発表。プロレスをビジネスに換えることに情熱を燃やし続ける。180センチ、90キロ。Twitter：@w_jet_shinsuke

vol.5 若鷹ジェット信介

「僕はこれ以上、お客さんに嘘をつきたくない」

――ハッスルでは、とある覆面レスラーの正体だったとか。

そこら辺は濁しておいてください（笑）。一応、広報という役割でした。ハッスルが先細りしていくなかで、最後に残ったのが僕らなんです。歴史を説明すると語りきれないくらいの出来事があって、なんだかんだで僕らが最後、〝看取る〟という形になったんですよね。

――ハッスルMAN'Sワールドはどのような活動を？

僕らの世界観、僕らのやりたいことを、ランズエンドの興行のなかに組み込んでやっています。これまで活動の場がなかったのですが、崔さんがランズエンドを立ち上げてから、僕らの出し物をやらせてもらっている感じです。

プロレスというものに、僕はある種、絶望しているんですよ。どの程度のものかというのは、15年やってきてわかっています。語弊があるかもしれないんですが、プロレスってホントにだれでもできるし、だれでも手に触れられるコンテンツになってしまっているんです。じゃあ、果たして僕がやっていていいのか、やるべきことなのか、それなりに葛藤があるんです。そんななかで、やっぱりお客さんには笑顔になってほしい。強くなりたいとか、ベルトが欲しいとか、そんなことはもうなにも思っていません。僕を観に来るお客さんはごく一部だという自己評価はあって、じゃあ、来てくれたお客さんにどれだけ面白いと思ってもらえるかをテーマにしているのがハッスルMAN'Sワールドです。

――「だれでもできる」というと、ハッスルで芸能人がリングに上がっていたことだったり？

それもひとつですよね。でもインリン（・オブ・ジョイトイ）さんなんかは華やかだし、真剣じゃないかと言ったら、真剣でしたよ。すごく練習もされていました。それよりもいい例は、UEXILEです。プロレスをやると決まった次の日にデビューしましたから。学生プロレスをやっていて、受け身は一応取れるし、いい体をしているということで。でも僕は「そういうことじゃないよ」という思いがあったので、UEXILEにはあえて強い対戦相手を当て続けたんです。〝世界の強豪シリーズ〟というのをずっとやっていたんですけど、素人が調子に乗るとこういうことになるよと言いたくて、世界チャンピオンのような人たちと試合をさせました。

――ハッスルMAN'Sワールドは、ハッスルとはまた違うものですか？

全然違うというわけでもないんです。ハッスルというと、パロディだとか、芸能人を使ってどうとか、そういうことでフィーチャーされたものなので、プロレスのなかでも極めて「ふざけた人たち」というカテゴリーにされがちなんです。でも決してそんなことはなくて、ふざけるならしっかりふざけようよ、ということなんです。逆に、一生懸命やっている風な人たちって、よっぽどふざけてると思うんですよ。なにを持って「強い」と言っているんだろうかと。だって、体を作り上げている人なんて世の中にいっぱいいるんですよ。プロレスとはこうだ、という定義自体がナンセンスなものだと僕は思っています。

格好つけると、そこへのアンチテーゼというんですかね。僕らは着ぐるみをリングに上げているけど、着ぐるみの中にはちゃんとプロレス界で活躍している人が入っている。例えば、「えび天」というキャラクターの中に入っているのは、KAIENTAI-DOJOの旭志織《あさひしおり》選手です。旭選手は対戦カードには載っていないんですよ。なぜかと言うと、えび天の中に入っているから(笑)。それがふざけていると捉えられるんだったら、そりゃあ、ふざけてますけど、「真剣にふざけてます」というのが僕らの大前提です。

――格闘技的な強さと、笑いの融合だと感じました。

元々ハッスルがやろうとしていたのは、そこなんです。PRIDEと同じ会社がやっていたんですけど、対極のものをやろうというのがハッスルだったんですよね。マスクマンの正体がPRIDEのトップ選手だったり。ハッスルMAN'Sワールドでも、プロレス界の一角の選手を着ぐるみの中に入れたりしているのは、そういうところで残り香を感じてほしいからなんです。「プロレスってこういう角度もあるんじゃないの?」というのを見せられたらいいなと。

「僕のなかではやり続けることが証明だった」

――解散を決めた理由は？

ハッスルの後期、僕とＵＥＸＩＬＥ、坂田亘、そして当時ハッスルの社長だった山口日昇の４人が残ったんですけど。その４人とも、いま別のステージでやっているなかで、僕とＵＥＸＩＬＥしかハッスルというものにこだわっていない。お客さんすらこだわっていない。であれば、精算していいんじゃないかなと。坂田さんも今年のＲＩＺＩＮ（２０１５年の年末に誕生した格闘技イベント）出場を最後に、レスラーを引退します。もう僕らだけこだわっていてもしかたないんじゃないかと思ったのが、解散の理由です。

――今日の試合後、「僕らのいちばん上のアニキである坂田亘に届くように」とおっしゃいましたが、坂田さんと山口さんは、今日でハッスルが終わることをご存じなんですか。

山口社長は、昨日ちょうど僕が経営している店に来ていて、「明日、ハッスル最終回です」という話をしました。「行かないよ」と言われましたけど（笑）。もはや、だれもこだわっていないんです。坂田さんも、「お前らまだやってんだ」くらいに思っていると思います。僕らの思いがどうというのは伝わらないので、せめてみんなで〝坂田のために〟という思いが届けばいいなと、お客さんと全員で「ハッスル、ハッスル！」をやりました。

――ハッスルにこだわってきた理由とは？

「このイベントに賭けている」とか、「ここから頑張ってみせる」とか、みんな言うじゃないですか。でも僕はこれ以上、お客さんに嘘をつきたくないんですよね。そこの意地だけです。僕のなかではやり続けることが証明だったんですけど、いま思えばそういうことでもないいんじゃないのかと肩の力が抜けたというか。終わるタイミングを探していたんでしょうね。

――いま振り返って、ハッスルとはなんだったのでしょうか。

いろんな人の夢だったんじゃないかなと。本当にすごいお金が動いていたし、いちばん夢を見せてくれていた時代です。橋本真也さんが亡くなってからは、見たこともないような景色を見せてくれました。派手な会場、派手なイベント、派手なお金の使い方。派手なギャラを貰う選手がいて、派手な暮らしぶりをしていて。もちろん浮き沈みを全部見ましたけど。夢の形だったんじゃないかと思います。

――いまはビジネスに力を入れてらっしゃいます。

居酒屋経営と、フランチャイズで天ぷらの店を展開しています。

――崔選手はジェット選手のことを、「まずはプロレスの仕組みや組織を作って、ベースからしっかり固めている技巧派」だとおっしゃいました。

プロレスって結局、お金を掴めない業種なんですよ。1試合していくら、というのをいつまで続けられるのかという話なんですよね。野球選手やサッカー選手のように、莫大な富を得ている人なんてプロレス界にはいないですよ。なので、みんなが食っていける基盤作りと、あとはそういう背中を見せてやるということですよね。プロレスラーが、1万円、2万円のお金を稼ぐのに四苦八苦して、月収30万円になるために何試合して、というのを間近で見てきたなかで、そんなことはいいから、ひと月で100万円借りてこようよ。その100万円で居酒屋でも経営しようよ、というほうがよっぽど賢いと思うんです。

僕が表に出たいという気概もないし、そんなにトレーニングをしているわけでもないし、面白いことをしているわけでもない。そんななかで、僕じゃないだれかが僕の飲食店を使って、生活の基準をある程度まで上げて、そこから巣立ってくれればいいなと思っています。プロレスラーだけじゃなく、地下アイドルでもいいし、舞台俳優でもいい。売れてないけど好きなことをやっている人たちを支援したい。要はプロレスラーであることを、なにに換えられるかです。

「プロレスが最強かというのは、質問自体がナンセンス」

――プロレスラーになりたいと思ったきっかけは?

学生プロレスをやっていたんですが、最初はとてもじゃないけどプロレスラーになれるとは思っていませんでした。学生プロレスって、4年間のうちに下積みからスター選手になって、引退するまでを疑似体験できるんですよ。そこで勘違いしちゃったんですよね。俺らみたいな、本当にこの競技を好きな人間がやるべきだと。けど、いざ入ってみたら違っていて、いろんな不自由が多かった。ZERO-ONEの1期生で入って、デビューするまでは必死だったんですけど、そこで気持ちがゴールしちゃったのかもしれないです。どこか退屈な部分がずっとあって、ビジネスのほうが面白くなったんです。

――いま、プロレスは好きですか?

尊敬はしています。プロレス界は嫌いですけど。プロレスというコンテンツの可能性はわかっています。

――この連載では「強さとはなにか?」を探っています。強さとはなんだと思われますか。

正直であることだと思います。格闘技的に強い人なんて世の中にたくさんいて、プロレスが最強かというのは、質問自体がナンセンスです。それよりも人間力だと思います。きつい練習をして、試合後も遅くまで片付けをして、それでもお客さんに楽しい思いをして帰ってもらいたいというのも、ひとつのしっかりとした強さだと思うんです。もちろん、すごい強い人もいますよ。それこそ今日出場してくれた石川(修司)さんなんて、体が大き過ぎて着ぐるみに入らない人、はじめて見ましたから(笑)。いろんな種類の強さがあると思うんです。今日は石川さんよりえび天のほうがお客さんの印象に残ったと思うんですけど、だったらえび天のほうが強いんじゃないかなと僕は思います。

――最後に、次の最強レスラーを指名していただけますか。

石川修司選手を。えび天のほうが強いと言ったばかりですが（笑）。どこの団体にも所属せず、社会的政治力が一切ないなか、実力だけでのし上がってきたレスラーです。195センチ、130キロの巨体という意味でも、非の打ち所がないです。

――ありがとうございました。

「プロレスに絶望している」――そう話しながらも、ハッスルにこだわり続けてきた若鷹ジェット信介。きっとこれからもずっと、絶望と希望の間でプロレスと向き合っていくのだろう。そして彼にとってプロレスが〝夢の形〟であることに、変わりはないのだろうと思う。

この記事のアクセス数は悲惨なものだった。しかし、アクセス数などどうだっていい。単行本化もどうだっていい。いや、どうでもよくはないが、もっと大事なことがある。それは、本当の強さを知ること。

若鷹ジェット信介は強くはない。そう決めつけていた。しかし、彼は彼なりの強さを持っていた。だれもがきっと、その人なりの強さを持っている。表面的には見えない、確固たる強さ。それを追求し、言葉にするのがわたしの仕事だ。

相変わらず、話すことが苦手でしかたない。取材も事前に用意した質問案から話が逸れると、途端にしどろもどろになってしまう。そのたびに自己嫌悪に陥り、帰りに新宿のヤマダ電機のエスカレーターを無意味に上り下りしては、涙ぐんでいた。

わたしの強さは、なんだろう。

プロレスは麻薬。
一回リングに上がるとなかなか辞められない

vol. 6

石川修司

SHUJI ISHIKAWA

「お前は馬場さんに似ているから、馬場さんの真似をしろ」——DDT高木三四郎社長のひと言から、プロレスラーとしてのキャリアがスタートした。28歳のときのことだ。四天王プロレス（90年代に全日本プロレスで三沢光晴、川田利明、田上明、小橋健太が繰り広げた闘い）に憧れてプロレスラーになった。一方で、自分に期待されているのは〝馬場のオマージュ〟。しかし、体が細い。技術が伴わない。もてはやされるのは、エンタメ色の強いレスラーたち。プロレスというものがなんなのか、見失った。

いまの石川修司の活躍ぶりからは想像もつかない話だ。195センチ、130キロの巨体で、相手選手をバッタバッタと投げ飛ばす。昨年（2016年）、団体をまたぎ3つのベルトを獲得し、日本インディー大賞MVP、およびベストユニット賞を受賞した。石川修司というレスラーに、いつ、どのような変異が起きたのだろうか。

（2017年1月）

Profile

石川修司(いしかわ・しゅうじ)／全日本プロレス所属(取材当時フリー)。1975年9月25日、岩手県奥州市生まれ。社会人経験後、2002年、DDTプロレスリングの門を叩く。受付業務などを経て、翌6月15日、デビュー。ジャイアント馬場のオマージュを期待され、葛藤する日々が続く。2005年、ユニオンプロレスに移籍。〝バチバチプロレス〟で知られる「フーテン プロモーション」参戦を機に、痛みが伝わるプロレスがしたいという、いまのスタイルを確立。三冠ヘビー級王座、BJW認定デスマッチ／ストロングヘビー級王座など、数々のタイトルを戴冠し、名実ともに日本のトップレスラーのうちのひとりである。195センチ、130キロ。
Twitter：@g0925union

vol.16

石川修司

「プロレスは麻薬。一回リングに上がるとなかなか辞められない」

――若鷹ジェット信介選手のご指名です。曰く「非の打ち所がない」とのことですが、ご自身ではいかがですか。

完璧だと思ったことはないですけど、強くありたいとは思っています。「強い」と先に言っておいて、後付けで練習するようなところがありますね。まず自分にプレッシャーを与えて、恥ずかしい試合をしないために練習する、みたいな。

――レスラーのなかでもかなり体が大きいですが、昔は細かったとか。

背は子どもの頃から高かったんです。でも体重は増えなかったんですよね。生まれたときは4500グラムくらいだったんですけど（笑）。高校は柔道部で、185センチあって65キロくらい。ガリガリでまったく強くなかったです。プロレスデビュー当時は100キロくらいでした。そこから一気には増えていないんですよ。毎年3キロくらいずつ増えて、13、14年経って、いま130キロです。

――DDTでデビューしたのが28歳。遅咲きですね。

選手がゴソッと抜けたときがあって、そのとき僕は合同練習も大してしていなかったんですけど、高木社長に「お前、馬場さんっぽいから馬場さんの真似をしろ」と言われたんです。それで馬場さんの16文キックとかネックブリーカーとかをやって、それが高木社長にウケて、じゃあデビューっていう（笑）。高木社長にはずっと「馬場」と呼ばれていました。期待されていなかったと思いますね。

いまってみんなレベルが高いんですよ。どインディーでも。でも僕がデビューしたときは素人みたいな人がリングに上がって、「下手くそなのが滑稽で笑える」みたいな風潮があったんです。なので、いまだったらデビューできていないんじゃないかと思います。技術が伴っていないまま、馬場さんの真似だけでデビューしましたから。同期が高梨（将弘）とか柿本（大地）なんですけど、高梨は闘龍門にいて、柿本はアマチュアでプロレスをやっていたので、基本はちゃんとできていたんです。ひとつ下には飯伏（幸太）がいて。本当に技術の差がすご過ぎて、デビューしてからずっと苦しんでいました。

「本当に痛いんだよというのを、お客さんに感じてほしい」

――苦労人と言われる所以は、そのあたりでしょうか。

僕はジャンボ鶴田さんとか四天王プロレスが好きだった世代なんですが、そのときちょうど（マッスル）坂井さんとか（男色）ディーノさんの試合がもてはやされていたので、プロレスというものがわからなくなったんです。絶望して辞めようかなと思っていた時期に、高木社長に「ユニオンプロレスを作るから、そっちに行かないか？」と言われて、ユニオンに移りました。ユニオンではポイズン澤田さんがキャリアも長くてトップだったんですけど、それ以外は若い人ばっかりで。そうなると僕なんかでも、必然的にセミとかメインなんです。それで一生懸命、闘わなきゃと思って、闘いながら成長していった感じですね。

――絶望の淵から這い上がったきっかけは、ユニオンプロレスへの移籍だった。

ユニオンに入った頃、池田大輔さんが「フーテン プロモーション」というバチバチプロレスの団体を旗揚げしたんですけど。本当にもうバコバコしばき合っていて、思いっきり殴る蹴る。それが楽しそうに見えたんですよね。飯伏が出場していたので、じゃあ俺も出してくれとお願いして出してもらったんです。そこで自分が表現したい、闘いたいプロレスが見つかりました。

――バチバチプロレスがいまのスタイルに繋がったんですね。

プロレスはショー的に見られる要素が強いと思うんです。そう見られるのはいいんですけど、ただ、本当に痛いんだよというのをお客さんに感じてほしいから、だからいまのスタイルだったり、デスマッチもやったのかもしれないです。あとはユニオンに入ってから大日本プロレスにも上がらせてもらって、インディーのトップだった関本大介とかと闘う機会が増えたことによって、自分の足りないところが見つかったのも大きいですね。

――足りないところとは？

身長はあったので、それまであまり力負けしたことがなかったんですよ。ただ、関本大介とかって、身長は僕よりないですけど、パワーが全然違っていて力負けしちゃうんですよね。だから自分は全然ダメなんだな、もっともっと体を作らなきゃと思って、そこからトレーニングの質もどんどん上がっていきました。いろんな要素が絡まって充実していった感じはあります。

――大日本のデスマッチには自分から参戦したんですか？

ハードコアをやっているときに、伊東竜二さんから「今度、最侠タッグがあるんだけど、デスマッチやれるか？」と聞かれたんです、メールで（笑）。レスラーとして、「デスマッチやれません」って言うの、カッコ悪いなと思って。レスラーになりたい人は、金銭面というより名前を残したいみたいな部分があると思うんですけど、大日本でメインをやるにはデスマッチをやるしかなかったんです。自分の名前が上がればユニオンプロレスの名前も上がるのかなというのもあって、伊東さんのメールに「やります」と返信しました。

――いまはデスマッチと対極のストロングBJに出場されています。デスマッチはもうやりませんか？

やってみてよかったなとは思いますけど、いまは理由がないとやりたくないですかね。ベルトがあるとか、タイトルに絡むとか、理由付けがあればやりたいんですけど。単純に「蛍光灯マッチがあるから出てくれ」だと、あんまりやりたくないかなと思います。

――ベルトやタイトルにはこだわりますか？

モチベーションとして、漠然とはやっていたくないというのがずっとあるんです。年齢が上がってきて、チャンスはどんどん減っていくんですけど、それでも常にベルトに挑戦できるコンディションでありたいなとは思っています。逆に挑戦したくなくなったら、辞めたほうがいいと思ってますね。

――昨年（2016年）、3つのベルト（KO‐Dタッグ王座、KO‐D無差別級王座、BJW認定タッグ王座）獲得に加えて、「一騎当千 strong climb」「KING OF DDT トーナメント」で優勝されました。

2016年は恵まれていました。体はしんどいですけど、そういうところで闘っていられるのは本当に幸せだなと思います。闘いを残したいというか、観ているお客さんに「どこまでやれるんだ？」と思わせる闘いができればなと。

――日本インディー大賞MVPとベストユニット賞も受賞されて、絶好調ですよね。

これ以上の賞やタイトルを獲ることはもうないのかなと思いますけど（笑）。まあ、タイトルはわからないんですけど、コンディションとしては常に上に上にとは思っています。まだ体力的な衰えは感じていないので。去年のようにうまくいくとは思っていませんが、去年よりいい状態に上げていこうとは思っています。

――昨年、活躍できたのはなぜでしょう？

一昨年の10月にユニオンプロレスがなくなって、フリーになったんですよ。そこから自己責任の部分が増えました。自分の飯は自分で食う、みたいな。恥ずかしくない闘いをしないと生き残れないというのは、フリーになってからずっとあります。

「チャレンジしないまま終わるのは嫌だった」

——同じフリーだと、飯伏選手と仲がいいとか。石川選手も飯伏選手と同じくOPG（社会人プロレス）の道場で練習されているんですよね。

はい、リング練習はそこで。飯伏は発想が面白いんですよ。こういう観点で見るんだ、というのが僕にはない発想だったりします。とにかく試合がすごくて尊敬できるので、一緒に練習したりするのも勉強になるし、時々遊んでますね。飯伏とは5戦していて、3勝2敗で僕の勝ち越し。だからもう試合はやらないです。勝ち越したまま引退します（笑）。

——飯伏選手はWWEにも出場されていますが、石川選手は海外志向はないですか。

飯伏に「WWEはどういう選手が来るんだ？」と聞いたら、「身体能力が化け物みたいな人が来る」って言うんですよ。NFLとかには行けなかったけど、トップアスリートになる能力を持った人たち。プロレスは好きじゃないと思うんですよね。でも職業として来ている人がたくさんいる。そういう話を聞くと、見てみたいと思いますね。WWEの中に入ったら、僕はデカくないんですよ。中の上くらい。2メートル級がポンポンいます。すごい選手を見るのが好きなので、そういう選手に触れてみたいなとは思います。

――プロレスラーになりたいと思ったのはいつ頃ですか。

25歳のときです。プロレスは好きだったんですけど、プロレスを知れば知るほど、あんまり食べられる業界じゃないということに気づいて、やっても苦しいんだろうなというのはわかっていたんですけど。25歳くらいになると、人生のゴールが見えてくるというか。こんな感じで終わるかな、というのが見えるじゃないですか。でもチャレンジしないまま終わるのは嫌だったので、レスラーになろうと思ったんですよね。

――プロレスが好きだったのは、子どもの頃から？

おばあちゃんがプロレス大好きだったんです。全日本プロレス中継がゴールデンタイムでやっていた頃で、鶴田さんとか長州（力）さんとか天龍（源一郎）さんがバリバリの時代ですね。中継がなくなったら僕も熱は冷めていたんですけど、高校生のときに、大の三沢ファンの友だちに観せてもらったのが四天王プロレスだったんです。そこからですかね、いろんな団体を観るようになったのは。そのときは全日本が好きで、あとは船木誠勝さんが好きでした。強い人に憧れていたので。

――UWF系にいきたいとは思わなかった？

いきたいというか、いけないと思っていました。選ばれた人たちがやるものだというのがあったんですよ。高校時代、友人から「プロレスラーもオリンピックに出られるらしいよ」と聞いて、「じゃあ、レスラーが出たら全員、金メダル獲っちゃうじゃん」と言ったことがあるんです。いま思えば、アマレスのルールのなかだったらアマレスをやっている人のほうが強いと思いますけど、そのときはプロレス界って人間のレベルじゃない人たちの集まりだと思っていたので、まさか自分がやれるとは思っていなかったです。柔道部の先輩だった佐々木貴さんがプロレスをやっていると知ってから、僕にもできるかもしれないと思いはじめました。

「プロレスって、麻薬」

――フィニッシュホールドは、スプラッシュマウンテンですね。決めた理由は?

ゲームが好きなんですけど、「バーチャファイター」という格闘技ゲームのジェフリーというキャラクターのフィニッシュホールドがスプラッシュマウンテンだったんです。ダイナマイト関西さん(2016年に引退した女子プロレスラー)が使っているのは知っていたんですけど、関西さんというよりは、どちらかと言うとジェフリーです(笑)。

――そもそも、フィニッシュホールドとはどうやって決めるものなんでしょうか。

自分が持っている技で、いちばんインパクトのある技にするというのがまずあります。いちばんショボい技をフィニッシュにしてもしょうがないですから。あとは僕の場合、身長を考えたときに高いところから落としたほうがダメージを与えられるというのと、あと単純に投げ方がカッコよかったからですね。

――元々、パワーボムが得意だったとか？

全然得意じゃなかったです。なので、使おうとは思っていなかったんですけど、使いはじめてからいまのスタイルに近づいていきました。馬場さんのオマージュから脱却するためにいろんな技に変更していって、最終的にスプラッシュマウンテンを使い出してから変わった感じですね。

――今後の目標は？

まだ闘っていない選手と闘いたいというのと、タイトルにはずっと挑戦していきたいです。闘ったことのないタイトルも欲しいですね。あとは町田に住んでいるので、町田で自主興行をしたいと思っています。

――何歳までプロレスをやりたいですか？

本当は40歳くらいだと思っていたんですよ。でも過ぎちゃいました（笑）。プロレスって麻薬じゃないですけど、一回リングに上がるとなかなか辞められない。理想は衰える前にいちばんいい状態で辞めるのがカッコいいと思うんですけど、たぶん辞めたあと、とてつもない後悔が襲ってくると思います。この前、金村キンタローさんの引退興行を観ていて、ボロボロになって辞めるのがいちばんいいのかなと思ったりもしました。ただ、僕は引退興行は絶対しないでおこうと思ってます。スーッと黙って去りたいなと。

――石川選手にとって、強さとはなんでしょうか。

一般の人に舐められない最低限の強さは持っていないといけないと思うんですけど、それ以上になると「すごい」っていうんですかね。強さよりも、すごいことがプロレスの強さだと思います。デスマッチでも、他の人ができないような闘いをしている人はすごいですし、バラモン兄弟のように破天荒だったり、（ザ・グレート・）サスケさんみたいに、なにを考えているのかわからない人もすごい。レスラーとしてみんなベクトルはバラバラなんですけど、僕はそのなかで、「死んじゃうんじゃねえか」という闘いを見せたい。そういう意味での強さを見せたいなと思います。

――では最後に、次の選手を指名していただけますか。

鈴木秀樹選手ですかね。いま大日本をメインにしているフリーの選手です。ビル・ロビンソン先生（イギリス出身の名レスラー。２０１４年逝去）からキャッチ アズ キャッチ キャンを教わって、僕とは違って確かな技術を持っています。体格も１９０センチで１１０キロくらい。理論もしっかりしていて、昔のプロレスをちゃんと持っているというか。正しいレスリングを持っているという意味で、最強かなと思います。

――ありがとうございました。

強さとはなにか。それはまだわたしにはわからない。しかし今回のインタビューを終えて、ひとつ確信したことがある。それは、「強い人は、いい人」。石川修司から滲み出る凄まじい〝いい人〟オーラから、これまでインタビューしてきた６人の最強レスラーに共通しているのは、いい人であることだと気づいた。強さへの自信が、人を優しく大らかにするのかもしれない。強さとはなにか。プロレスとはなにか。うっすらとではあるが、見えてきた気がする。

ウェイトレスのアルバイトを辞め、プラスチック工場で働きはじめた。どうしても人と話すことが怖くて、接客業は無理だと判断したのだ。時給８００円だが、交通費が実費のため、実質時給７４０円。一日中、黙々と段ボール箱にプラスチック製品を詰めていく。１個、２個、３個、４個、５個……１０００個。ブツブツとつぶやきながら、わたしはぼんやりと考えていた。白馬に乗った王子様が、ここから連れ出してくれないかな。

5年前、弁護士の男性とお付き合いしていた。デートは決まって、銀座の高級レストラン。食事のあとは、だれもが憧れるバーでバカ高いカクテルを飲んだ。高価なダイヤの指輪も買ってもらった。彼の財布に入ったゴールドカードに胸がときめいた。「結婚したい」と言われたときは、薔薇色の人生が広がって見えた。

しかし彼はマザコンだった。お母さんは優しくてね、お母さんは料理が上手でね、お母さんは僕のことがダイスキナンダ――。1か月半で別れを切り出した。別れ際、彼は言った。

「お前の人生で、この先、俺よりスペックが高い男と付き合えると思ってんの?」

以来わたしは、男性との接触を避けるようになった。

ああ、工場のホコリが目に染みる。

いつでもすごい試合を見せられる。
そういうのが強さだと思います

vol.7

鈴木秀樹

HIDEKI SUZUKI

これまでのインタビューでは、必ず幼少期のことを聞いてきた。子どもの頃からプロレスが好きだった？　好きになったきっかけは？　しかし今回、悩んだ。なぜなら彼は生まれつき、右目の視力がほとんどない――。悩んだ結果、わたしはその話題を避けることにした。レスリングの名手には、レスリングの話を聞くのが正しい。そう思ったのだ。

大切なことを、わたしは見失っていた。そして彼に、それがなにかを教わることになる。

（2017年2月）

Profile

鈴木秀樹(すずき・ひでき)／フリー。1980年2月28日、北海道北広島市生まれ。専門学校卒業後、上京し、都内の郵便局に勤務。2004年よりUWFスネークピットジャパンに通いはじめる。〝人間風車〟ビル・ロビンソンからキャッチ アズ キャッチ キャンを学び、2008年11月24日、IGF愛知県体育館大会の対金原弘光戦でデビュー。2014年にフリー転向。現在、大日本プロレスを主戦場に、様々な団体に参戦。BJW認定世界ストロングヘビー級王座を幾度となく防衛し、ときに非情とも思える闘いぶりで各団体を掻き回す。「殺し屋」と表現されることも。191センチ、115キロ。Twitter：@hidekisuzuki55

vol.7

鈴木秀樹

「いつでもすごい試合を見せられる。そういうのが強さだと思います」

――石川修司選手のご指名です。〝人間風車〟ビル・ロビンソン氏から「キャッチ アズ キャッチ キャン（以下、CACC）」を学び、正しいレスリングを持っている、と。

この連載って、佐藤光留さんからはじまったんですよね？　そのあと、崔さん？　崔さんにいったのがすべての間違いです（笑）。普通じゃないですからね。僕が言うのもなんですけど、すごいヘンな人です。光留さんも崔さんも1980年生まれなんですよ。僕もなんですけど。光留さんが言っていたのは、「80年生まれはろくなレスラーがいない」と。谷間ですらないっていう。

――今年（2017年）1月に上梓された『キャッチ アズ キャッチ キャン入門』（日貿出版社）、すごく面白かったです。レスリングってこうなっていたのかと。

30過ぎたおっさんの写真集ですよ（笑）。

――どの層に向けて書かれたのでしょうか？

組み技の格闘技をやっている人たちと、あとは昔のプロレスファンでしょうか。僕が試合でやっていることの解説というか、こういう理屈があるんですよ、みたいな感じです。個人的には、自分がやってきたものを遺すという意味合いが大きいです。かつて指導をしてくれたビル・ロビンソンに、「これくらいの本が出せるようになりました」と伝えたいですね。

——「古代から続く伝統のグレコローマンと、近代の英国発祥のフリースタイル誕生までの〝ミッシングリンク〟としてCACCが存在していた」と書かれています。

構えはどちらかと言うと、グレコローマンに近いんです。体が起き上がっている感じでやるので。フリースタイルって、タックルを取りに行くためにどうしても低くなるんですよ。試合時間も短い。CACCは長い時間を想定しているレスリングです。ロビンソンは、「1分か2分だったら、実力もあるけど運もある。だけど30分とか1時間になると、運じゃダメだ」と言っていましたね。

「レスリングは、スピードと技術と戦略でやるもの」

——フリースタイルに近いのかと思っていました。〝catch as catch can（掴めるように掴む）〟という意味だと、フリースタイルですよね。

元々、オリンピックのフリースタイルの名称ってCACCだったんですよ。おそらく広めるためにどこかで変わったんだと思うんです。「キャッチ アズ キャッチ キャン」って言いづらくないですか？

だったらフリーとグレコのほうが言いやすい。柔術が柔道になって、普及させるためにルールも変えたりしましたよね。そういうなかで変わっていったんじゃないかと思います。

当時イギリスにはレスリングのスタイルが4つくらいあって、そのひとつがランカシャー・スタイル。いわゆるCACCと呼ばれているものです。あとはコーニッシュ・スタイルと言って、道着の上だけ着てやるサンボのようなレスリングとか、いくつかあったんですね。グレコローマンはフランス発祥なんですけど、CACCは違うスタイル同士の試合をやるときの申し合わせのルールだったらしいです。例えばキックで言うと、K-1みたいな感じだと思うんですよ。K-1って、ムエタイとかキックとか空手とか、なるべく統一したルールでやりましょうということですよね。それがレスリングの場合だと、CACCでどこでも掴んでいいことにして、関節技もありにしようという感じだったのかなと。

レスリングなんて、世界中どこにでもあるんですよね。日本だったら相撲、モンゴルだったらモンゴル相撲。ヨーロッパだったらフリースタイル。グレコローマンもそうだし。アフリカとかにも絶対あるんです。人間、裸になったら、殴るか取っ組み合うか、どちらかだと思うんですよ。殴ったらボクシングだし、取っ組み合うとレスリング。ロビンソンは「すべてのスポーツはイギリスがスタートだ」と言っていたんですけど、そんなわけないだろうと。

——ロビンソン先生はどんな方だったんですか？

イギリス人っぽくて頑なところはありましたけど、気のいいおじいちゃんみたいな感じでした。たまにめんどくさいな、くらいの（笑）。レスリングの教え方が本当にすごいんですよ。「この技をやれ」と言われて失敗すると、「じゃあ、次こうやってやれ」って、ちょっと違う言い方をするんです。また失敗しても、次これやれ、次これやれって、次々出てくるんですよ。それでハマるんですよね。ハマったあとにもう一回やってみろと言われると、できているんです。しかも、子どもやお年寄りにも同じように教えられる。人それぞれ体格も違うじゃないですか。体が細い人、太い人、手足が短い人、長い人。同じ技でもちょっとずつアレンジして、「お前はこういう体格だからこうしろ」というのをちゃんと教えていました。教え方は本当にすごい人でしたね。あとはビールとアイスが大好きで、女好きでした（笑）。

――ロビンソン先生の教えとはどのようなものでしたか。

レスリングは力でやるんじゃなくて、スピードと技術と戦略でやるものだと。なぜ力がダメかと言うと、試合時間の長さもあるんですけど、力って発揮できる時間がそんなに長くないから。頭を使えと言われました。僕は体格が大きいので、ちょっと強引にやるときがあるんです。そういうのは絶対ダメでしたね。

よくチェスに例えていました。「レスリングはフィジカル・チェスだ」と。チェスっていきなり王様を取れるわけじゃなくて、いろんなコマを使って、こいつはおとりにして、最終的にはこいつを取りに行くために違うコマをおびき寄せる。それをレスリングでもやるんです。本当は腕を取りたいんだけど、いきなり取るのは難しいから、足を狙う振りをする。やられるほうは腕を狙われているのがわかって、でも足からきた腕だから、わざと足を取らせて、腕にきたところで返すとか。段階を踏んでやるんですよ。日本にも将棋があるから、レスリングは絶対、日本人に合っているとロビンソンは言っていました。

「野球をやっていても、ちょっと曇ったらボールがわからない」

――UWFスネークピットジャパン（現CACCスネークピットジャパン）に入門したのはなぜですか。

20歳のときに郵便局に採用されて、北海道から上京したんですけど。ちょうど小泉純一郎さんが総理大臣のときで、郵政民営化するちょっと前ですね。職場にプロの総合格闘家になるために上京してきた人がいたんです。僕と同じくらい背が高くて、大きいから練習相手がいないんですよ。それでスネークピットに誘われたんです。半年くらい断ったんですけど、しつこいからとりあえず一回だけ行ってみることにしたのが最初ですね。運動したくなかったので嫌々でした。運動に自信がなにもなかったですから。経験もなかったですし。

――運動をしてこなかったのは、右目の視力の影響……？

それだけじゃないんですが、球技がとくにダメでしたね。野球をやっていても、ちょっと曇ったらボールがわからないんです。消えちゃうんですよ。僕、色盲なんですけど、色もわからないし遠近感もないので、ボールがいきなり出てきたり消えたりするんです。元々、運動は好きじゃなかったんですけどね。家でファミコンをするほうが好きでした。運動神経もよくないと思いますよ。柔道だけは小学校のとき2年間くらいやりました。

——右目は生まれつき見えないんですか？

ほとんど見えないです。赤ちゃんのときって、みんな視力が弱いんですよね。他の動物でも、成長するにつれてだんだん視力が上がってきて、見えるようになってくるものなんですけど。僕は右目だけ育たなかったらしいんです。なんの原因かはわからないんですけど。あるとき眼科に連れて行かれて、左目に眼帯をつけさせられたんですよ。右目をどんどん使っていけば、ある程度、治ってくるかということで。でも育たなかったんですよね。

——ロビンソン先生も右目が見えなかったとか。

右目が見えないという話をしたら、「そうか。オレも右目は見えないけど、レスリングはできるよ」と言われたんです。その一言で、レスリングなら自分にもできるんじゃないかと思いました。その言葉がなかったら、いまレスリングをやっていないと思います。

「いまもずっと、志は低いまま」

――元々、プロレスは好きだったんですか？

好きでしたね。ちゃんと観はじめたのは中学に上がる前くらいなんですが、いちばん最初に観たのは小学校1、2年生の頃です。ジャンボ鶴田さんと長州力さんのタッグマッチで、長州さんのパートナーが谷津嘉章《やつよしあき》さんだったんですよ。でも僕は二代目タイガーマスク（三沢光晴）が観たかったんです。だから子ども心に、「谷津かよ」と思った記憶があります（笑）。本格的にプロレスにハマったのは、武藤さんが海外からグレート・ムタとして帰ってきたときです。武藤さんきっかけで、それから好きでずっと観ています。

――プロレスラーになりたいと思った？

思わなかったですね。スネークピットに入門してからも、自分は観るほうだなと思っていました。PRIDEが盛り上がっていたので、総合格闘技のアマチュアの試合には出たことがあるんですけど、どうせならそっちかなと思ったんです。でもやっていくうちに、ロビンソンのプロレスに興味を持つようになったんですよね。ちょうどインターネットが普及してきた頃だったので、動画でロビンソンの試合を観て、自分が教わったこととの答え合わせをしていました。そうしたら、そっちが面白くなっていったんです。

――2008年にIGFでプロレスデビューされました。

4月に異動の話があったタイミングで、郵便局を辞めることにしたんですけど。8月の有休消化中に、IGFのPPV放送が両国国技館であったんですよ。そこに宮戸（優光＝スネークピットジャパン代表）さんが解説に行ったんです。そのときにセコンド業務をやってくれといきなり言われて、その一週間後くらいにデビューしちゃったんですよ。IGFは、「猪木さんがやっている」くらいしか印象がなかったです。入門テストを受ける人たちって、志が高いじゃないですか。僕、すごい低いんです。いまもずっと志は低いままです。

――意外ですね。ものすごく志が高いイメージです。

ものすごく低いです（笑）。申し訳ないですよね、プロレスやっていて。でもだから続くんですよね。上に行こうと思ったら続かなかったと思います。

――2014年にフリーになったのは、なぜですか。

2月にロビンソンが亡くなったんですよ。ジョシュ・バーネット（プロレスでも活躍したアメリカ人総合格闘家）から連絡が来て、"passed away"って書いてあったんです。英語の意味はわからなかったんですけど、awayってあんまりいい意味じゃないなと思って調べたら「他界」と書いてあったので、亡くなったんだなと。そのときに、IGFを辞めてフリーになろうと思ったんですよね。翌年からIGFの試合数が減るということで、ちょうど迷っていた時期だったんです。でもフリーになるといったところで、なんの当てもなかったんですよ。ＩＧＦって特殊なんですよね。プロレスでも格闘技でもない。他と関わりがないのでどうしようかなと思っていたときにロビンソンが亡くなって、そこで決心しました。

——フリーになるとき「年間100試合」を目標にしていたそうですが、いま試合数はどれくらいですか？

去年、一昨年は、80、90くらいですかね。年間１００試合と宣言したものの、一回も達成していないです。すぐ問題を起こすので（笑）。

「違う道から行っても山は登れる」

——来月（2017年3月）、世界ストロングヘビー級王者・関本大介選手に挑戦されますが、心境は？

関本さんが相手でよかったです。大日本にはデスマッチとストロングがありますが、ストロングの象徴は関本さんだと思うんですよ。シングルで何回もやったことはあるんですけど、どちらかがタイトルホルダーというのはなかったので、そういうシチュエーションでやるのがいちばんきちんと勝負できるかなという気がします。

手の合う試合ってあるじゃないですか。たぶん僕はならないんですよね。関本さんとか岡林（裕二）さんとかがやっている、ワーワーと上がっていく感じではないんです。いきなり「ワー！」となって、ハイ終わり、みたいな。ロビンソンの言っていたことを、再現しようと思っているんですよ。ロビンソンの現役時代はもちろん知らないんですが、映像を観ると自分が習ったことと似ている。それをそのままいまのプロレス界に持ち込んだらどうなるのかな、という実験をしているんです。昔のプロレスって、手の合わない試合が多かったはずなんですよ。

——手の合う試合のほうが、いまの時代はウケる?

おそらくそうだと思います。時代に逆行したいわけではないんです。山登りって、1本しか道がないわけじゃないですよね。違う道から行っても山は登れる。僕はその違う道から登っていきたい。人と同じような道だったら、フリーレスラーとしては価値がないと思います。どこにでもいるような人になっちゃったら、代わりはいくらでもいるので。……と言いながら、先月1試合しかオファーがなかったんですけど(笑)。

——この連載では「強さとはなにか」を探っているのですが、強さとはなんだと思われますか。

継続することだと思います。例えば大日本って、試合数がすごく多いんですよね。それでも関本さんなんかは、いつでもすごい試合を見せられる。そういうのが強さだと思います。格闘技に関わらず、なんでも続けられることが強いんじゃないかなと。最終的にはそっちが勝つと思います。

——最後に、次の最強レスラーを指名していただけますか。

ZERO1の田中将斗さん。僕はリングの中で勝負するタイプなんですが、田中さんはリングの中ももちろんですけど、場外とか道具を使ったりとか、たぶんどのルールでも超一流。世界でも稀な選手だと思います。1回だけシングルをやって勝ったことがあるんですけど、勝った気はしなかったですね。体は僕より小さいんですけど、パワーもあるし、速いんです。

——ありがとうございました。

わたしも片目の視力が弱い。しかし、そのことを自分から人に話したことはない。コンプレックスだからだ。だから鈴木秀樹に視力について聞くのが怖かった。鈴木にとってもコンプレックスなのではないか。話すのは嫌なのではないか。そう思い込んでいた。しかし違った。事もなげに「そう、見えないんですよ」と話してくれた。その明るさと余裕こそが、鈴木の強さなのだと思った。

大事なことを、聞くのを躊躇ってしまった。ライターとして、わたしはこのままではダメだと思った。今回のインタビューを通して改めて気づいたのだ。この連載は、プロレスという真剣勝負そのものであることに。そうでなければ意味がないことに。わたし自身が変わらなければ、１００回続けたところで、プロレスとはなにか。強さとはなにか。なにも見えてはこないのだろう。

「尾崎ムギ子さんですよね？　数珠つなぎ、いつも読んでます。握手してもらえませんか？　できれば写真も」

プロレス会場で声を掛けられた。わたしと握手!?　写真も!?　想像した以上に騒がしい未来が待っていた！　あの頃の未来に立っているのかな！　何者でもなかった自分が、何者かになっていく喜びを噛みしめていた。

しかし一方で、どうしようもない焦燥感に駆られていた。ちがうんだ……。わたしはなにも変わっていない……。周りの評価が高まれば高まるほど、自分が書いたものを世に出すのが怖くなっていった。いつもだれかに監視されているような気がした。

酒浸りの日々が続いた。酒はいい。なにもかも忘れさせてくれる。毎晩、５００㎖の缶ビールを4缶、焼酎をロックで3、４杯。酩酊状態で睡眠薬を飲み、朝方眠りにつく。目が覚めると、ひどく頭が痛かった。

テレビの健康番組に、カルーセル麻紀が出演していた。健康診断の結果は、余命5年。原因は、酒とタバコと睡眠薬。わたしとまったく同じだ。わたしもあと5年で死ぬのだろうか。せめてカルーセル麻紀くらい金を稼いでから死にたい。

人は言う。「有名なレスラーに会えて羨ましい」

羨ましい？　わたしの苦しみをわかってくれる人はいなかった。わかってほしくもなかった。取材なんかしたくない。もう一文字だって書きたくない。書くことなんか、好きでもなんでもない。一生、孤独を抱えながら生きてやる。あと5年の命かもしれないが、それもまたいい。

幸あれ！

普通の人がやれないことをリングでやるから、
お客さんは「すごい」と思う

vol. 8

田中将斗

MASATO TANAKA

2017年3月2日、プロレスリングZERO1後楽園ホール大会。平日ということもあり、客足はまばらでどこか盛り上がりに欠けていた。しかしその男が竹刀を片手に現われるやいなや、会場の空気が一変した。男がリングの内外を縦横無尽に暴れ回ると、かつての超満員の歓声が蘇った。まるで魔法のようだった。「リングの中ももちろんですけど、場外とか道具を使ったりとか、たぶんどのルールでも超一流。世界でも稀な選手だと思います」――鈴木秀樹は田中将斗をこう評したが、まったくその通りだと思った。

このひと月前、WWEが発表した『The 100 best matches to see before you die（死ぬまでに観たほうがいい100の試合）』ランキングで、「Heat Wave 1998」の対マイク・アッサム戦が41位に選ばれた。ECW世界ヘビー級王座にも輝いた田中のキャッチフレーズ〝弾丸〟は、世界の〝Dangan〟としていまなお語り継がれている。

1993年にFMWに入門し、今年でプロレスデビュー24年目（2017年時点）。世界のどの団体でもトップに立てる実力を持ちながら、田中将斗はなぜZERO1に止まるのだろうか。

（2017年3月）

Profile

田中将斗(たなか・まさと)／ZERO1所属。1973年2月28日、和歌山県和歌山市生まれ。高校時代ラグビー部に所属し、オール和歌山に選出される。卒業後は住友金属ラグビー部を経て、1993年にFMW入門。ECWに長期遠征し、リングネーム「MASA TANAKA」として日本人で唯一ECW世界ヘビー級王座に輝く。2002年、引く手あまたのなか、プロレスリングZERO-ONEに入団。ハードコアを得意とするが、どのルールでも一瞬にして会場を〝田中将斗ワールド〟に染める様は圧巻。全日本プロレス、新日本プロレス、大日本プロレスなど、メジャー、インディー問わず数々の団体で長きに渡りトップレスラーとして活躍している。180センチ、91キロ。Twitter：@masato_dangan

vol.8

田中将斗

「普通の人がやれないことをリングでやるから、お客さんは『すごい』と思う」

――FMWに入門したきっかけはなんですか。

小さい頃からずっとプロレスが好きで、新日本プロレスや全日本プロレスが地元の和歌山県で興行をすると、必ず観に行っていたんですけど。あるときFMWが来ることになって、どういうものか一度観てみたいと思って行ったんです。新日本とか全日本は、柵があるじゃないですか。FMWには柵がなくて、ストリートファイト形式の試合に引き込まれました。そこからは、いまで言う大仁田信者みたいな感じです。大仁田さんの試合後は、お客さんがリングサイドで水を噴かれるシーンがいまもあるんですけど、僕も25年くらい前かな、水を噴かれて喜んでいた人間でした。

――自分もプロレスラーになって、やってみたいと思った？

将来プロレスラーになりたいというのは、ずっと思ってたんですよ。中学校の進路指導のときに、「プロレスラーになりたい」と言って。でも高校を出てからでも遅くないんじゃないかということで、しかたなく進学しました。そこの高校はラグビー部が強くて、僕、中学校を卒業した時点で110キロくらいあったので、合格発表のときにラグビー部の人に勧誘されて。レスリングか柔道をやろうと思っていたので断ったんですけど、入学して新学期がはじまった日にその人がクラスまで呼びにきて、学生服のままボールを持たされたんです（笑）。その流れでラグビー部に入って、オール和歌山の選抜にも選ばれました。

卒業後はラグビーの強い会社に就職したんですけど、僕が入った社会人チームはそのときリーグ外だったんですね。優勝すれば入れ替え戦ができたんですが、そこで負けたんです。またリーグ外で1年やるんだったら、若いうちにプロレスに挑戦したいなと思って、次の日には「プロレスラーになるので辞めます」と言って退職しました。それから1年くらい、体を一から鍛えながら、雑誌でプロレスラーの練習生募集を探す日々。ＦＭＷが募集するのを待って、1年後にようやく申し込みました。身長はサバを読んで（笑）。

――入門テストはいかがでしたか？

僕はテストを受けてないんですよ。ＦＭＷもその頃は一大ブームで人気だったんですけど、新弟子があまりいなかったので。面接でターザン後藤さんに、「とりあえず人が少ないから入門させるけど、ついてこられなかったらクビにする可能性もある」と言われました。雑誌なんかを見ていると、プロレスラーはスクワット1０００回やるとか書いてあるんですよね。それくらいの練習はしておいたので、入門してからもスクワットも腕立ても腹筋も問題なくできました。プロレスラーになると言って田舎から出てきているので、レスラーになるまでは辞められないという意地がありましたね。

「〝人間・大仁田厚〟が好きで、近くに行きたかっただけ」

——大仁田さんのどんなところに憧れたんですか？

カッコよく見えたんですよね。見た目とかじゃなくて、生き様というか。体型なんか、ずんぐりむっくりじゃないですか（笑）。その頃は「涙のカリスマ」と呼ばれていて、男が男に惚れるみたいな感じでした。人と同じことをやらなかったから、目を引いたんだと思います。あの頃、リングの上から水を噴いたりする選手もいなかったし、リング上で感情を露わにして泣いたりする人もいなかった。大仁田厚って、僕が好きになった頃からそんなに強いわけでもないんですよね。小さい頃って、強い人に憧れるじゃないですか。だから最初は初代タイガーマスクのカッコよさとか強さに惹かれたんです。でも大きくなるにつれて、人間臭さというか、男臭さというか、そういうところに惹かれるようになったんですよね。

——デスマッチにも憧れはありましたか。

デスマッチが好きなわけではなかったです。ＦＭＷに入りたいと思ったのは、本当に大仁田厚が好きだったから。試合のスタイルとかは、これがやりたいあれがやりたいというのはまったくなかったです。FMWに入ったらデスマッチはつきものだなというのはありましたけど、〝人間・大仁田厚〟が好きで、近くに行きたかっただけですね。

――ハードコアのイメージが強い田中選手ですが、デスマッチとハードコアの違いとは？

僕の考え方で言うと、有刺鉄線とか脚立とか、普段ないものをリングに持ち込むのがデスマッチ。ハードコアは、普段の試合でもあるものを使う。椅子は客席にあるし、テーブルはリングアナの席にありますよね。普段からその辺にあるものをうまく使ってやるのがハードコアだと思います。

――いまデスマッチの凶器アイテムは、カミソリや注射器など、どんどんエスカレートしていますが、どう思われますか。

命を賭けて試合をしていると思うので、そこを極めている人たちっていうのは、僕はすごいなと思います。やれって言われたら……やれるかも知れないけど、連続ではやりたくない。1回だけならまだいいですけど、それが毎日続くようだと、シャワーをするのも大変だし、布団に入るのも大変だし。でもそれをやっている人たちはそういうところで極めているので、すごくリスペクトしています。

――やりすぎだとは思わない？

それを観たくてお客さんが来ているということは、それはそれで正解なんだと思います。やっぱりプロレスラーって、普通の人がやれないことをリングでやるから、お客さんは「すごい」と思うわけじゃないですか。カミソリを使ったりとか、そういうなかで試合をするのは普通の人はまずできないし、人間離れしたところを見せるというのもプロレスのひとつだと思います。プロレスに関して、否定するものはなにもないですね。デスマッチもあって、女子もあって、お笑いもあって、いろんなものをやっていたのがＦＭＷだったので。そこの出身者が「それ違うだろ」と言っても、説得力ないですし。僕はすべてのものがプロレスだと思います。

――少ない凶器で沸かせるのが、ハードコアの奥深さなのかなと。

自分からなにかを持ってきたりというのを、あまりしないですからね。体の丈夫さというのも僕の売りだと思います。海外に呼ばれてある程度成功したのは、たぶん僕のやられっぷりがすごかったから。やられてもそこで終わらずに、そこからやり返すからお客さんが沸く。あんなにボコボコやられたら、体が丈夫じゃないと立ち上がれなくなると思うんですよ。アメリカの椅子ってスチールなので、底が抜けたりしないんです。痛みが首にずっしりとくる。体の丈夫さもハードコアの武器なんです。

――アメリカのプロレスと日本のプロレスの違いは？

アメリカはお客さんが、楽しもう、楽しもうという空気がすごいんですよね。はじまる前からお客さんができ上がっていて、すごい攻防を見せたらすごい騒ぐし、つまらなかったらつまらないっていう大合唱になる。ホントにみんな、プロレスを楽しみに来ているんだなと。お客さんがワーッと総立ちになって、スタンディングオベーションになったりすると、やられていてもすごく気持ちよかったです。

――アメリカのファンは、レスリングの攻防をあまり重視していないとも聞きます。

ＥＣＷは違うんですよ。選手のレベルもすごく高くて、日本では見たことのないような攻防があるんです。ハードコアをやる選手と、レスリングで魅せる選手と、二手に分かれていました。大日本プロレスがデスマッチとストロングに分かれているような感じです。名前こそ分かれていないですけど、両方いったりきたりする人もいて。僕も両方やりましたけど、ファンから求められていたのは、椅子でぶん殴られる姿（笑）。小さい日本人がデカい外国人にこてんぱんにやられるけど、そこからやり返すっていう。ポール・Ｅ（ポール・ヘイマン）という、いまＷＷＥにも出ている人が社長だったんですけど、その人が気に入ってくれてそこそこ人気が出て評価されました。

――新日本プロレスのＣＨＡＯＳで仲間だった中邑真輔選手がいまＷＷＥで大活躍されていますが、田中選手から見ていかがですか。

彼は本当に素晴らしいです。新日本に出ていたとき、バスとかで一緒に移動していたんですけど、その頃から試合を観ていて、この人はすごいなと。同じ時代の日本人ですごいなと思う人ってあんまりいないんですが、すごいと思える選手のうちのひとりです。プロレスって、入場から退場まですべてが大事だと思うんです。中邑選手は入場からお客さんを惹きつけるし、試合もそうだしマイクもそうだし。アメリカに行っても絶対に成功するだろうなと思っていました。

――いまプロレス界全体、海外志向が強いですよね。

ＷＷＥが日本人に目を向けはじめたので、若い人は行きたいかもしれないですね。海外はチャンスを掴んだらデカいですから。僕が最初にＥＣＷに行ったときはすごく安いギャランティーだったんですけど、ちょっと認められたら10倍くらいになりました。やっぱりお金に繋げないとプロとしてはダメですからね。評価というのはそこに繋がってくると思います。団体によって評価の仕方や金額に違いはありますけど、その団体で評価されるためには、その団体の中でいちばんいいギャランティーを目指さないと。僕もいま44になったので、そこは譲れない部分でもあります。

「自分だけいい話に飛びつけないですよ」

――2001年にＦＭＷを離脱し、2002年にプロレスリングＺＥＲＯ－ＯＮＥに入団されました。ＥＣＷでの活躍もあり、どの団体でも入団できたと思うのですが、なぜＺＥＲＯ－ＯＮＥだったのでしょうか。

主に全日本とＺＥＲＯ‐ＯＮＥに出場していたんですが、僕は全日本に「いちばん優先するのはＺＥＲＯ‐ＯＮＥです」と言っていたんですよね。それは、最初に全日本に話に行ったときに上がれない状態があったし、生活の基盤を整えてくれたのはＺＥＲＯ‐ＯＮＥだったからなんです。その後、全日本から入団のオファーもあったんですが、ＺＥＲＯ‐ＯＮＥと入団の話が進んでいたので、そのままＺＥＲＯ‐ＯＮＥに入団しました。「もっと出すから」とも言われたんですけど、金額の問題ではないからと断りました。15年以上前の話です。

——15年以上、ZERO1（2009年1月、現表記に）でずっと続けているのはなぜですか。

現状を見てもわかる通り、、ZERO1は正直に言って苦しいですよね。何年か前に他の団体からいい話もちょこちょこあったりしたんですけど、でもなぜ辞めなかったかと言うと、FMWを辞めて最初によくしていただいたし、苦しいといっても生活できないわけじゃないので。それだったら僕はZERO1に愛着がある。同年代の大谷（晋二郎）が社長をしているというのも大きいと思います。橋本真也さんから代が変わるとき、僕がやれと言われても絶対やれなかったです。人間、苦しいところの社長をやれと言われても、やりたくないじゃないですか。大谷が社長になったっていうのは、僕の考えではあり得ないことなんです。そんななかで、自分だけいい話に飛びつけないですよ。「なんでそっちに行かなかったの？」と言われるし、他の人が聞いたらバカだなと思うかもしれないですけど。

——これからZERO1をどうしていきたいですか。

いま20代でガンガンやれる選手がそんなにいないので、若い人を育てなきゃいけないというのがうちの課題です。若い人がいないと、新しい人も入ってこないだろうし。いまチャンピオンの佐藤耕平も39で、どちらかと言うと上の世代に入ってきていて、僕なんかもう44なので。本当は小幡（優作）とかがトップどころに行かないといけないんですけどね。

——世代交代をしなければいけない？

でも簡単には譲りたくない。自分が認めていない奴と世代交代するつもりはないんです。お客さんから見ても、「田中よりあいつのほうがすごい」と思われる存在が出てこないとダメですよね。言うのは簡単ですけど、僕とか大谷を超えられる人はなかなか出てこないですよ。歳ですけど、元気ですから。「衰えを感じますか?」と聞かれるんですけど、なにも感じないんですよ。不思議なくらいで。そんなにヤバい怪我もないし、体力がなくなったとかパワーやスピードが落ちたとかもまったくない。いつ衰えていくんだろうっていう、そっちもなんとなく楽しみですね(笑)。怖いですけど。

「プロレスに関しては、僕は絶対に大丈夫です」

――この連載では「強さとはなにか」を探っています。強さとはなんだと思われますか。

うちのいじめ撲滅のコンセプトでもあるんですけど、何度でも立ち上がる姿っていうのがいちばん強さに繋がるんじゃないかと思います。喧嘩でも、殴られても泣かないで向かってくる奴とか怖くてしかたないじゃないですか。挫折を味わったとしても、そこから立ち上がっていこうという気持ちがある人は強い。いろんな挫折を味わって、そこでシュンとなってやる気がなくなってしまうんじゃなくて、どん底を味わったとしても這い上がってやろうという気持ちがある人って強いし、憧れます。

――レスラーになって、どん底だったことは?

失恋ですね（笑）。失恋から立ち上がるときがいちばん苦労します。失恋は突然やってきますからね。常にいる人がいなくなると、精神状態がヤバいですよね。それ以外は、絶対に立ち上がる自信があります。僕はなにが取り柄かと言ったら、もうプロレスしかないので。どん底を味わっても、プロレスをやらなきゃいけないと思ったら立ち上がれる。プロレスに関しては、僕は絶対に大丈夫です。

――では、次のレスラーを指名していただけますか。

大日本プロレスの関本大介選手がいいと思います。プロレスラーとはなんたるかというのを、すべて持っているんじゃないかなと。見た目もそうだし、プロレスに対する情熱がすごくて、練習も真面目です。それにだれとやってもすごい試合ができる。組まれたカードでお客さんを楽しませなければいけないというのは、プロレスラーとして大事なことのひとつだと思うんですが、そのなかで関本大介は、だれとやってもお客さんを沸かせる試合をする選手です。

――ありがとうございました。

「プロはお金にこだわるべき」としながら、自身がＺＥＲＯ１に留まるのは「お金ではない」と話す。矛盾しているかもしれない。しかし、だからカッコいい。不器用な生き方かもしれない。だからカッコいい。田中は大仁田厚の生き様に憧れたと言うが、田中将斗の生き様こそ憧れずにはいられない。強い人というのは、こういう人のことを言うのだと思った。田中将斗は、本当に強いレスラーだ。

女ならだれしも一度は考えたことがあると思う。「夜道で男に襲われたらどうしよう」――。きっと声も出せないだろう。声を出したら、それこそなにをされるかわからない。女はそういう恐怖と、どこか諦めを抱えながら生きている。

ある日の夜、アルバイトの帰り道、クタクタになってよろよろと歩いていると、突然、後ろから見知らぬ男に羽交い締めにされた。抵抗すると、腹部に刃物を突きつけられた。頭が真っ白になって、次の瞬間、腹の底から「ギャ――――！」と大声を上げた。すると男は、刃物を落として逃げ去った。

治安の悪い町である。駅では常時「ひったくりに注意」のアナウンスが流れ、放火殺人事件の犯人もまだ捕まっていない。この町から、一刻も早く抜け出したい。工場のアルバイトも辞めたい。どうせ白馬の王子様なんて現れっこないのだから。

引っ越しを決めた。どこか遠くへ行きたかった。

プロレスが好きだったから。ただそれだけです

vol. 9

関本大介

DAISUKE SEKIMOTO

関本大介の強さにはじめて気づいたのは、昨年（2016年）の夏、大日本プロレス新木場大会でのことだった。メインまで出番のなかった関本は、ぽつんとひとり、売店に立っていた。「大会前に立つ人、多いもんな」と思っていると、大会がはじまってもその場を動かない。大会が進んでも、動かない。「いったい、いつまで売店にいるんだ?」と思うと間もなく、関本の入場曲がかかった。大歓声が沸いた。試合は関本の圧勝だった。

トップレスラーと呼ばれる人は何人もいる。関本もそのうちのひとりだ。しかし、暗がりで売店に立ち続ける強さと、華やかなリングで豪快な技を繰り出す強さ。陰と陽、ふたつの強さを併せ持つレスラーはそういない。

石川修司は言った。「関本大介とかと闘う機会が増えたことによって、自分の足りないところが見つかりました。身長は僕よりないですけど、パワーが全然違っていて、力負けしちゃうんですよね」。鈴木秀樹は言った。「大日本って、試合数がすごく多いんですよ。それでも関本さんなんかは、いつでもすごい試合を見せられる。そういうのが強さだと思います」。

そして田中将斗はこう言って、関本を最強レスラーに指名した。「プロレスラーとはなんたるかというのを、すべて持っている」――。

（2017年4月）

Profile

関本大介(せきもと・だいすけ)／大日本プロレス所属。1981年2月9日、大阪府大阪市鶴見区生まれ。絶対君主の父親のもと、野球の英才教育を受ける。中学高校と明徳義塾に通い、野球部に所属。高校卒業後、大日本プロレスに入団。1999年8月10日、対伊東竜二戦でデビュー。ストロングBJの象徴として、大日本プロレスのみならず、全日本プロレス、DDTプロレスリングなど、他団体にも精力的に参戦。鋼のような肉体がトレードマークで、"肉体凶器"と呼ばれる。パワー、テクニック、肉体、存在感。すべてにおいて優れたTHE・プロレスラー。175センチ、120キロ。Twitter：@sekimotodaisuke

vol.9 関本大介

「プロレスが好きだったから。ただそれだけです」

──田中将斗選手から〝最強レスラー〟に指名されて、いかがですか。

恐縮の一言です。たくさん試合をさせていただいて、闘いの中からいろんなことを学ばせていただいています。

──「関本大介はだれとやってもお客さんを沸かせる試合をする」とおっしゃっていました。

それは田中さんです。僕はまったくそんなことないです。

──鈴木秀樹選手も、同じことをおっしゃいましたが。

僕はそんな人間じゃないですよ。鈴木さんはビル・ロビンソンさん直の弟子なので、鈴木さんからもいろんなことを学ばせていただいています。

──「だれとやっても沸かせる試合」というのを、意識はされていますか。

意識はしていないですけど……やっぱり闘っていて熱くなる感情というのはいつもありますね。リングに立つと、自然とそうなります。

――鈴木選手は関本選手について「手の合う試合をする」とおっしゃいました。ご自身では？

それは鈴木さんの感覚なので、僕にはわからないんですけど……。鈴木さんは一撃で相手を仕留める技術を持っていますが、僕はそんなに技術を持っていないので、そういうことですかね。鈴木さんは一撃で仕留める雰囲気を持っていますよね。キラー的な（笑）。

――先月（2017年3月）、BJW認定世界ストロングヘビー級選手権試合で、負けてはしまったものの、鈴木選手とあれだけの名勝負をしたのは本当にすごいなと思います。

猪木さん的に言うなら、鈴木さんの手のひらの上で転がされていたのかなという感覚ですね。鈴木さんの世界に引きずり込まれたということは、勝負論としては負けているので、そこは悔しいなと思います。次に対戦するときは、なるべく鈴木さんの世界に引きずり込まれず、自分の闘いをしたいです。ダブルアーム・スープレックスだけは絶対、食らわないように。……首がもがれますから（笑）。

「幼少の頃から、なにかに怯えて生きてきた」

――中学高校と明徳義塾野球部のご出身ですが、かなり厳しいところですよね。全寮制で、監獄のようだと聞きます。

いまは緩いんですけど、昔は厳しかったですね。規則がたくさんあって、制服と明徳ジャージしか着ちゃいけないとか。寮の中では明徳ジャージで、学校へ行くときは制服。外出は禁止です。学校の敷地外に出てはいけない。それが6年間続きました。懲役6年です（笑）。

――中学からそんなに厳しい学校に入ろうと思ったのはなぜですか。

父親が野球が大好きで、無理やり行かされたんです。野球選手になってほしかったみたいですが、僕は野球はあんまり……。自分から進んで、という感じではなかったですね。僕は劣等感の塊というか、ずっと劣等生なんです。明徳義塾でもそうですし、幼少の頃から父が絶対君主ですごく怖かったので、なにかに怯えて生きてきたんですよ。いまではそうやって育ててもらったことに感謝してますけど、当時は早く父親から逃れたいという気持ちでいっぱいでした。

――虐待のような……？

虐待というのは人によって物差しが違うから、一概に「これが虐待」とは決められないと思うんです。父はたぶん僕の体を鍛えるために、いまで言う虐待的なことをしていたんだと思います。例えば足上げ腹筋って、足が下についたらダメじゃないですか。父は「下ろすなよ、下ろしたら熱いぞ」って、ライターの火を構えているんです。いまやれば虐待と捉えられると思うんですけど、当時はそういう鍛え方でした。

――実際に、足に火がついてしまったことは？

ありますよ。でも結局ライターの火なんて、落ちたら風圧で消えますよね。火も弱いし、風でなびくから親父のほうが「熱い!」ってなって（笑）。それが面白くて、でも笑ったら怒られるので、堪えていたら逆に腹筋が鍛えられるっていう。意味のわからない鍛え方をしていました。

他にも、毎日毎日、素振りを200回も300回もやらされたり、朝起きてランニングを3、4キロもやらされたら、さすがに嫌になりますよ。体力的にしんどいというより、精神的にしんどかったです。「今日もやるんだ……」というのが毎日なので。

——いま、お父さんとの関係は?

仲いいですよ。いまはホントに感謝しかないです。父が厳しく育ててくれたから、つらいことがあっても耐えられるというか。少し痛いところがあったりしても、我慢できるようになりました。あとは腹が立たなくなりましたね。いまやっていることは将来に繋がるんだとわかったので。文句を言ってやらないより、「はい、わかりました」と言ってやったほうが、自分のためになる。そう思えるようになったのは父のお陰だと思います。

——明徳義塾に入学できたということは、野球がうまかったんですよね?

受験をしてお金を払えば、だれでも入れます（笑）。運動能力とかは問われないです。野球部もだれでも入れますし。

——名将・馬淵史郎監督が、「関本の打球の速さは寺本四郎（関本と同級生で、のちに千葉ロッテマリーンズに入団）よりも上」とおっしゃっていたそうですが。

まったくそんなことないです（笑）。一回だけ、2軍戦でホームランを打ったんですよ。そのときのことを言ってるんだと思うんですけど、あくまで2軍戦ですから。A、B、C、Dと4軍ありまして、僕はDでした。

――高校時代、野球よりも筋トレに明け暮れたというのは、プロレスラーになるため？

そうですね。高校1年生くらいのときに筋トレをはじめました。相撲道場の隣にウェイトトレーニング道場があったので、そこに通って。「プロレスラーになりたい」と思いながらやっていましたね。

――明徳義塾にいながら、野球選手ではなくプロレスラーになろうと思ったのはなぜですか。

プロレスが好きだったから。ただそれだけです。プロレスラーになりたいと思ったのは、中学校2年生くらいのときですね。プロレスを好きになったのは、小学校5、6年生のときです。叔父さんがプロレス好きで、よく一緒に観てたんですよ。プロレスのゲームが流行ったのも大きかったです。スーパーファミコンが出たばっかりで。当時はスタン・ハンセンが好きでした。単純に、テンガロンハットを被ってロープを振り回す荒々しさがすごいなと思いましたね。

――プロレスラーになりたいと言ったときの、馬淵監督の反応は？

あまりにも劣等生だったので、進路指導のとき、「お前は中国に行って、ラーメン屋の修行をしろ」と言われたんですよ。なんじゃそれと思いましたけど（笑）。プロレスラーになりたいですと言ったら、「お前の就職先は俺が見つけてきてやる」ということで、大日本プロレスを紹介してくださいました。

目を掛けていただいてたんですよね。生活態度は真面目だったので。遅刻もしなかったし、掃除もしっかりやってたし、煙草も吸わなかったですし。

――お父さんには反対されなかったんですか？

反対はされなかったんですけど、「そんなん、なれるわけないやろ」と言われました。当時、大日本プロレスの社長だったグレート小鹿さんと馬淵監督が挨拶に行ってくれて、納得したみたいです。

――大日本プロレスは当時、デスマッチがメインでしたが、抵抗はありませんでしたか。

痛そうだなというのはありましたけど、プロレスの団体に入れるならと。入ったらデスマッチをやらなければいけないとか、そこまでは考えていなかったです。

「やっぱりプロレスが好きだし、辞められない」

――入門してから、壁にぶち当たったことは？

新弟子の頃は、受け身が取れなかったです。受け身を失敗すると、腰が打撲で腫れ上がるんですよ。仰向けでは寝られない状態でした。うつ伏せで寝る癖がついてしまって、いまでも寝るときはうつ伏せです。あと、練習の最後に関節技の極め合いをやるんですけど。僕は格闘技がまったくわからなかったので、先輩たちにラッパ（胸や腹で相手の顔をふさぎ、息ができないようにすること）をかまされて。しんどかったです。

――脱走したこともあるとか。

金村キンタローさんが大日本プロレスに参戦していて、道場に住んでいろんな世話をしてくれていたんですけど。可愛がりと言えば可愛がりなんですかね。どこに行くにも僕が付き人みたいな感じで、ずっと一緒だったんです。トイレに行くときも、「ついてこい」と言われて。プライベートがまったくなかったので、つらくなって逃げ出しました。でも一週間くらいしたら、やっぱりプロレスが好きだし、辞められないなということで戻ったんです。

――その後、ハードコアやデスマッチにも挑戦されました。

そこに入っていかないことには、大日本プロレスのトップには絡めなかったですからね。でもやっていくうちに、自分が理想としているプロレスではないなと思って、やらなくなりました。

――関本選手が理想とするプロレスとは？

ハンセンが入り口で全日本プロレスの外人レスラーが好きになって、そこからやられてもやられても立ち上がる四天王プロレスが好きになって。そして、さまざまなプロレスを見ているうちにアントニオ猪木がすごいなと思いはじめて。そういう意味では、アントニオ猪木なんですかね。

――いまはストロングBJも盛り上がっていて、デスマッチをやらなくてもトップに立てますよね。

そんなことないですよ。やっぱりデスマッチのトップが、大日本プロレスのトップです。それは揺るぎないと思います。やっている人間が一番よくわかっています。

「ジャーマンをかけたまま死にたい」

山川竜司さんという人がプロレスを最初に教えてくれたんですが、技を褒められたことがなくて。でもジャーマンをやったときにはじめて褒められたんですよ。「すごいジャーマンするなあ。初代タイガーマスク以来の衝撃だ」と。すごく嬉しくて、この技に磨きをかけようと思いました。

――ジャーマン・スープレックスへのこだわりが強いですよね。

プロレス小説で、主人公がジャーマンをかけて息絶えるシーンがあったんですよ。それがカッコいいなあと思って。ただの憧れですね。

――「ジャーマンをかけたまま死にたい」とおっしゃっていたとか。

生活です（笑）。……いやいや、思いですかね。ファンの人も含め、自分も含め。これで勝負を決めてやるっていう思いだったり。団体に対しても、常にいいプロレスをして、大日本プロレスの向上に繋がればいいなと思いながらやっています。

――関本選手のジャーマンを見ていると、いろいろなものを背負っているように感じます。関本選手が背負っているものはなんでしょうか。

——関本選手と言えば鋼のような肉体ですが、どうしてそこまで鍛え上げているんですか？

ただ筋トレが好きなだけです。筋肉に血流が流れ込む感覚が好きなんでしょうね。そこに快楽を覚えている。ただの変態です（笑）。筋トレをしている人はみんな同じだと思うんですけど、筋肉を育てたいと常に思っています。どんどんデカくなりたいですね。

——今年（2017年）2月、1か月間休養されたのは、肉体のメンテナンスが目的とのことでした。ご自身では疲労などは感じていましたか。

自分では感じていなかったです。仲間が頑張って試合をしていると思うと、休みたくなかった部分もありました。

——休養中もトレーニングをされていたとか。

それはただ、筋トレが趣味なので（笑）。

——7月には、イギリスXWAへの参戦が決まっています。海外での試合はいかがですか。

これまでに、ドイツ、フランス、アメリカ東海岸に行ったことがあるんですけど。日本人を応援してくれる空気なので、よそ者の感じはなかったですね。大日本プロレスを代表して行くので、それに恥じないような試合をしたいと思っています。今度の試合もそうですね。

——今後の目標は？

大日本プロレスを大きくしていくことです。自分がいまできることをやっていくしかないと思ってはいるんですけど、自分ができることってなんだろうと考えると……まだ定まっていない。まずはそこをしっかり定めて、少しでも団体の力になれればいいなと思います。

――関本選手にとって、〝強さ〟とはなんですか？

なんでしょう……折れない心、でしょうか。

――折れそうになること、ありますか？

毎日、バキバキに折れてます。腕立て伏せを20回しようか30回しようかと思ったときに、20回を選んじゃいますし。コカコーラ・ゼロを買おうか、普通のコカコーラを買おうか迷ったときに、美味しい普通のコーラを選んでしまう（笑）。自分に甘えているなと思います。折れない心を持ちたいんですけど、そういうことばっかり考えていると生きているのがしんどくなるので、〝Take it easy.〟で。

――では、次の最強レスラーを指名していただけますか。

岡林裕二選手はどうですか？　彼はすべてが最強です。見た目もそうですし、生きている姿を見ているだけで最強。道場でウエイトトレーニングとか一緒にするんですけど、扱う重量が全然違うんですよ。僕より20キロ、30キロ重いのを持ち上げたりします。プロレスも、あり得ないところから相手選手を持ち上げたり、ホント、漫画みたいな感じですね。

――ありがとうございました。

ライターの仕事だけで生活するのが苦しいわたしは、工場でアルバイトをしている。いい大学を出て、いい会社に就職し、でもライターになる夢を諦めきれず、この世界に飛び込んだ。しかし待っていたのは、食べることすら儘ならない現実だった。

工場で1日中、プラスチック製品を段ボール箱に詰めながら、考えている。頑張れば、今月はプロレスの試合を1回観に行ける。もう少し頑張れば、2回観に行けるかもしれない――。

強いレスラーが好きだ。わたしの弱さをすべてかき消してくれる、強いレスラーが。関本大介のジャーマンを見ると、涙が溢れてくる。ああ、この人は、わたしの分まで、こんなに強い。

インタビュー中の関本は、リング上での雄々しさを微塵も感じさせなかった。穏やかに、ゆっくりと、ひとつひとつの言葉を噛みしめながら話す。饒舌で、巧みな言葉を持っているレスラーとは違うかもしれない。しかしだからこそ、この人のことをもっと知りたいと思った。

「週刊プロレス」のような記事を書かなければいけないと、ずっと思っていた。しかし関本大介というレスラーをもっと知りたい、また話を聞きたい、そして記事を書きたい。そういう思いが膨れ上がって、ポンと弾けた。わたしはわたしなりの記事を書けばいい。わたしにしか書けないものが、いつかきっと見つかる。「週刊プロレス」は、この世に2冊はいらない。

わたしも、強くなりたい。

引っ越し先は、中野に決めた。駅から徒歩20分離れた、家賃6万円の古いアパート。今日からここが、わたしの城だ。

しかしはじめてのひとり暮らしは孤独だった。どうしようもなく不安な夜を過ごし、翌朝、コンビニの店員に「おはようございます」と挨拶されると涙がこぼれそうになった。とにかく人が恋しかった。だれでもいい。だれかわたしのそばにいてくれ！

ある日、知り合いの編集者から「紹介したい男性がいる」というLINEが届いた。どんな人ですかと聞くと、中野在住の格闘家だという。格闘家は嫌だった。わたしはマッチョが好きではない。プロレスが好きなのにマッチョ嫌いなんて矛盾しているとよく言われるが、昔から男性的な人が苦手なのだ。ガリガリで色白で中性的な人が好きなのだ。しかしそんなことも言っていられない。なんてったって、彼は中野在住。寂しさを紛らわせたい一心で、会ってみることにした。

待ち合わせの焼肉屋に遅れて現われたその人は、ヨレヨレのTシャツを着た小柄な坊主だった。「遅れてすみません」とたどたどしく言う彼を一目見て、思った。……ないな。今日はもういいやと開き直り、肉を食べまくり酒を飲みまくった。彼は烏龍茶をすすりながら、わたしのどうでもいい愚痴を黙って聞いていた。

「強さって、なんなんですかねえ!?」

すると少し困った顔をして、その人はまた烏龍茶をすすった。

強くなりたい、負けたくないという気持ちが
あったから、自分は強くなれた

vol.10

岡林裕二

YUJI OKABAYASHI

「プロレスラーになれば、少しは心が強くなるんじゃないかと思った」

中邑真輔はわたしにそう話してくれた。幼い頃から打たれ弱く、高校時代、アマチュアレスリングの試合前には吐いたりもしたという。WWEの一軍に昇格し、世界の「シンスケ・ナカムラ」となったいま、彼の心は強くなったのだろうか。時折、ふと思いを馳せる自分がいる。

プロレスを観はじめて間もなく、中邑にインタビューをした。わたしは彼の思想に共感し、憧れ、格闘技のジムに通いはじめた。中邑が絵を描くと知って、絵画教室に通いはじめた。またいつか取材をするときのために、英語を勉強し直した。わたしにとって、プロレスはイコール中邑真輔だった。しかしあるときから、そうではなくなった。関本大介と岡林裕二のタッグマッチを観たときからだ。

強い！　強い！　笑っちゃうほど、強い！

強さとはなにか、わたしにはまだわからない。でもこのふたりは紛れもなく強い。だれが見ても強い。テクニックがどう、パワーがどうという問題ではない。オーラが強い。試合に勝っても負けても、このふたりしか目に映らない。そのときからわたしのなかに、「中邑真輔以外にもプロレスがある」という選択肢が生まれた。それからいろいろな団体を観るようになった。

関本と岡林がいなければ、わたしはいま頃、中邑を追いかけてアメリカに移住し、この連載をはじめることもなかっただろう。こうしてふたりの記事を書くことができて、心からホッとしている。

（2017年5月）

Profile

岡林裕二(おかばやし・ゆうじ)／大日本プロレス所属。1982年10月31日、高知県南国市生まれ。高校でウエイトリフティングに打ち込み、卒業後、陸上自衛隊に入隊。体育学校でウエイトリフティングのオリンピック選手を目指すも、6年間成績が振るわず、部隊への配属を言い渡される。そんなとき関本大介の活躍を見て、プロレスラーを志す。2008年6月27日、大日本プロレスでデビュー。2015年、BJW認定世界ストロングヘビー級王座を獲得し、プロレス大賞・敢闘賞を受賞。プロレス界屈指のパワーファイターである。試合中の鬼の形相からは想像もつかない、陽気なキャラクターの持ち主。178センチ、115キロ。Twitter：@bjw_pissari

vol.10

岡林裕二

「強くなりたい、負けたくないという気持ちがあったから、自分は強くなれた」

――関本大介選手のご指名です。曰く「すべてが最強。生きている姿を見ているだけで最強」と。

嬉しいですね。正直、びっくりしましたけど。「ええ！　俺かあ！」みたいな。関本さんは、僕がプロレスラーになるきっかけになった人です。デビューしてから、あの人を追い越してやろうという気持ちでずっとやってきました。

――関本選手も絶賛するパワーをお持ちですが、子どもの頃から力が強かったんですか？

高知県南国市の下末松というところで生まれまして、3人兄弟の末っ子で、家は魚屋です。親父はサッカー、お袋はやり投げをやってたんですけど、ふたりとも力が強くて、お袋は腕相撲で男の人にも絶対負けなかったらしいです。そういうので、遺伝じゃないかと言われていました。僕が2歳のときに、魚屋で果物も売っていて、ミカンの箱が店の外にあったんですよ。親父が運んでくるのを手伝おうと思ったんでしょうね。ミカンが満タンに入っている箱を持って、店の中まで運んだらしいです。

――2歳で!?　それは怪力ですね。

そういうのもあったし、子どもの頃はいろいろ悪いことをしましたね。田舎なので、田んぼがいっぱいあるんです。田んぼって、せき板で止まるじゃないですか。水が流れないように止めるんですよね。そのせきを抜いちゃって。水が勢いよく流れるのが楽しかったんです。小学校2年くらいのときかな。2回目くらいで見つかって、めちゃめちゃ怒られました。田んぼを所有している人に、「こんなことをしたら米が全部ダメになる」と説明されて。米がダメになったら、お前ら米が食えんくなるぞと。謝りましたけど、その頃はあんまり考えてないですからね。次の日になったら忘れてますから。

――悪いですね（笑）。

他にも、小学校2年か3年のとき、新聞配達員に憧れて。僕も新聞配達をしようと思って、自分の自転車の籠に古新聞を詰めて近所に配ってました。近所のおばさんは受け取ってくれるんですよ。「裕二くんえらいね、ひとりで新聞配達して。ありがとう」って。それで僕も調子に乗るんです。よっしゃ、頑張ろうと思って、1日に50軒くらい配りました。大迷惑ですよね（笑）。

あと、家にトイレのくみ取りが来るんですが、あの仕事にもすごい憧れて。それも小学校2年でしたね。週に1回くらい来るんですけど、仕事ぶりをずっと見てたんです。あるときおじさんに、「今日学校休みか。おじちゃんと一緒に回るか」と言われて、バキュームカーに乗って近所を回ったことがあります。近所の人はみんなびっくりしてました。

「大きいものや強いものへの憧れがありました」

――新聞配達もするし、バキュームカーにも乗るし（笑）。プロレスを好きになったのはいつ頃ですか。

小学校3年のときに、かくれんぼをしていて、僕、焼却炉に隠れてたんですよ。そしたら焼却炉に古本がたくさんあって、その中に「週刊プロレス」があったんです。「なんだ、この本?」と思って開いたら衝撃を受けたんですよ。それまでプロレスを観たことは一度もなかったです。興味がないというか、知らなかったんですよね。テレビの放送も夜中だったし。そこからはプロレス一色です。みんながミニ四駆をやっているなか、僕はプロレス。プロレスか、『トラック野郎』。乗り物が好きだったんですよ。バキュームカーもそうですし（笑）。あとはもう、プロレスでしたね。高知はテレ朝系列がなかったので、全日本プロレスを観ていました。当時は四天王プロレスですね。

――好きだった選手は？

スタン・ハンセンとか、スティーブ・ウィリアムスが好きでした。もう、すごいじゃないですか、暴れまわって。当時は日本人選手よりも外国人選手が好きで、レンタルビデオ屋さんにビデオを借りに行っても、WCWとかWWFとか、アメリカンプロレスばっかり。外国人選手の華やかさ、大きさ、筋肉、ファイトスタイルなんかが大好きで。圧倒的なパワーじゃないですけど、新日本で言えばスコット・ノートンとかビッグバン・ベイダーとか、そういう人たちに憧れましたね。大きいものや強いものへの憧れがありました。

——体を鍛えはじめたのは、そういった憧れから？

「岡林の人間は力が強い」って、小学校のときから言われてたんですよ。「やっぱり親父は力強いな」とか、「親父の遺伝で兄貴も力強いな」とか。そういうのをずっと聞いてきたので、僕も力が強くないといかん、みたいなのがあったんです。小学校のときは相撲をやってたんですけど、勝てないときは悔しかったですね。中学校からは柔道をやりまして、中3でベンチプレスを100キロ上げました。柔道と相撲の練習以外トレーニングはしていなかったんですけど、元々、力があったというのもあって。それが自信になって、強くなりたいと思うようになりました。

——負けず嫌いだったんですか？

負けず嫌いでしたね。負けたくないという気持ちになったのは、小学校6年くらい。それまでは相撲の大会があっても、「負けてもいいから早く帰ってゲームがしたい」と思っていました。わざと負けてたという言い方もあれですけど。小6のときに、強さへのこだわりというか、やっぱり親父も兄貴もすごいすごい言われていたので、僕がこんなんじゃダメだと思うようになったんです。そこから、もっと頑張らないといかんなっていう気持ちになりました。あそこに力が強い奴がおるとか、あそこに相撲が強い奴がおるっていう話を聞いただけでも悔しくて。負けず嫌いなのは、いまも変わらないですね。

――プロレスでは「負けても、いい試合をすればお客さんは喜ぶ」と言う人もいますが、勝敗にはこだわりますか？

こだわります。もちろん、いい試合をしないといけないという部分もあるし、試合だけじゃなくて、他の部分でも負けたくないですね。トレーニングでもそうですし、頭は悪いのでその辺は置いておいて（笑）、力だったり、売店だったり。

――パワーファイターですが、パワーだけじゃなくテクニックもあるのがすごいです。

テクニックあるんかなあ？（笑） レスリングの部分に関しては、デビューしてから関本さんにずっと教わっていたので、それは本当に感謝しています。

「まだ頑張ってるんや、この人は」

――関本選手はどういう存在ですか。

いまはもう、ライバルって言ったらどうなんだろうな。超えたいですね。実は僕、中学校のときから関本さんのことを知ってたんですよ。僕の友だちに明徳の奴がいたんです。明徳って全寮制なんですけど、週末になったら寮を抜け出してきて一緒に遊んでいて。そいつから、「先輩にすごい人おるぞ。関本さんって言って、たぶんお前より力あるぞ」と聞いて、悔しかったのを覚えています。関本さんは明徳でも有名だったんですよ。飯をめちゃめちゃ食べて、力がめちゃめちゃあると。野球で有名なわけじゃなく（笑）。そのときからずっと意識していましたね。

中学に入って、一時期プロレスを観なくなったんですけど、関本さんが高3のときニュースになったんです。明徳義塾の野球部からプロレスラーになる少年がいると。それで、あの人プロレスラーになるんや、すごいなあと思って。僕は高校を卒業して自衛隊に入ったんですが、関本さんが気になってちょこちょこ「週刊プロレス」を見ていました。出てないかなあ、やっぱり出てないか。あ、今日は小さい記事に試合結果が出てた。まだ頑張ってるんや、この人は、と。気になってたんですよね、ずっと。

――自分もプロレスラーになりたいと思った？

そのときはまだ思っていなかったです。自衛隊では体育学校でウエイトリフティングをやってたんですけど、6年間やってオリンピックに行けないと体育学校から普通の部隊に戻されるんです。記録が伸びなくなって「岡林そろそろ部隊に戻れ」と言われて何週間か経ったとき、「週刊プロレス」を開いたら関本さんが一面に出てたんですよ。わあ、すごいなあ、と思って。ウエイトリフティングが終わった、このまま自衛隊を続けるのもアレやから、ちょっとプロレスやってみたいな、俺も目指してみようかなと。そのときは負けたくないというより、挑戦してみようという気持ちでした。

――体育学校以外に、部隊も経験しているんですね。

自衛隊に入ったら、すぐ体育学校に行けると思ってたんですよ。体育学校に入って、すぐウエイトリフティングができると。けど半年間、一般自衛官になるための教育を受けないといけないということで、普通の部隊に入りました。朝6時に起床のラッパが鳴って、5分以内に着替えて、寝泊まりしている建物の前に整列。それができないとまた服を脱いで、ベッドの中からやり直し。できるまでずっとやるんです。

そういう訓練がいろいろあって、夕食とお風呂を合わせて10分以内とか。飯に5分かけると風呂に入る時間がなくなるので、おかずを全部ご飯の上に乗せて、飯を3分。全部食いきれない状態で流して、風呂まで走って行って。石けんで全部バーッと洗って、バッシャーンで終わりです（笑）。山で30キロ背負って25キロ歩く訓練もやりましたし、それを半年間やって、そこからいろんな職種に分かれるんです。戦車だったり、歩兵だったり。僕は体育学校に行ったんですけど、他のみんなは一般自衛官になりました。

――なぜ自衛隊に入ろうと思ったんですか？

高校でウエイトリフティングをやっていて、推薦で大学は決まってたんですけど。自衛隊の勧誘みたいな人が家に来て、「大学はお金を払って行くけど、お金をもらいながら競技ができますよ」と言われたんです。即決ですよ。体育学校はオリンピックを目指す機関なので、どうせやるなら行けるところまでやってみようということで、オリンピックを目指していました。

「ストロングBJを高い位置まで持っていきたい」

――大日本プロレスに入団したのはなぜですか。

自衛隊がそのとき埼玉にあって、深夜0時くらいからテレビ埼玉で大日本プロレスを放送していたんです。たまたま観たのが「関本大介vsマンモス佐々木」のシングルマッチでした。その闘いが本当にすごくて。一気に惹きつけられたというか。小学校のときにはじめてプロレスを観たときの衝撃が蘇ってきたんです。子どもの頃は「すごいな」でしたけど、今度は「俺もやってみたいな」という気持ちになったんですよね。

――大日本に入ったら、デスマッチをやることになりますよね？

知らなかったんですよ。そのときテレビで放送してたのはその試合だけだったので。デスマッチがあるって知ったのは、入団してからです。僕が入ったときはもう、ストロングBJとデスマッチBJに分かれていました。デスマッチはいままで3回やりましたが、タイトルマッチとかでもし相手がデスマッチの選手だったら、いまでもやってもいいと思ってます。毎回はやりたくないですけどね（笑）。

――ストロングにこだわっているわけではない？

せっかくふたつに分かれているので、ストロングBJを高い位置まで持っていきたいという気持ちはありますね。

——ストロングBJと、いわゆる新日本プロレスのストロングスタイルは違いますか。

同じだと言う人もいますけど、僕は一緒にしたくない。まったく別物ですよ、ストロングBJはこういうスタイルですよ、というのを見せていきたいです。

——ストロングBJとはどういうものでしょうか。

それがまだ見つかっていない。みんなで作り上げている途中です。いま大日本プロレスは、若い力がすごいんです。やっぱり若手が負けたくないという気持ちが強くならないと、上には行けないと思うんですよね。僕たちがいくら頑張っても、下が「絶対、負けるか」という気持ちでこないと、上には行けない。下の勢いでは、新日本プロレスにも負けていないと思います。

——「57年会」という会合をやってらっしゃいますが、メンバー構成は？

内藤哲也選手、鷹木信悟選手、飯伏幸太選手、石森太二選手、将火怒《まさかど》選手、宮本裕向選手、KAZMASAKAMOTO選手、ベアー福田選手、星ハム子選手。サイバー・コング選手も入れようかという話になっています。あとは「東京スポーツ」の岡本記者が来ています。うちの新土リングアナも57年生まれなんですけど、呼ばないです（笑）。わりとプロレスの話をすることが多いんですよ。単純にだれが好きだとか。あの選手どうのこうのとか。やっぱり、みんなプロレスが好きなんですよね。

——結成のきっかけは？

鷹木選手と内藤選手ではじめたのかな。そのふたりで「57年会でもやらないか」みたいな感じでやっていて、そこから飯伏選手を呼んだりして。自分は宮本さんに誘われたんですよ。宮本さんが僕の話をしたら、「そうだ！　岡林！」という話になったらしくて。

――今年（2017年）4月、鷹木選手とタッグを組んだとき、「いい感触だった」とおっしゃいました。

したんです。ドラゴンゲートの津大会に、自分と関本さんで呼んでいただいて、そこではじめて鷹木選手と対戦したんです。自分とファイトスタイルが似ていますし、闘っていて楽しいなという感じがしました。今度は組んでみたいなということで、大日本プロレス大阪大会に来てもらったんです。組んでみて、いろんな面で勉強になるというか。リング上での闘い方だけじゃなくて、立ち居振る舞いとか。プロレスというのは見せる商売なので、そういう部分ですごく勉強になりました。ドラゴンゲートの選手なので、自分たちとスタイルも違う。直線ファイトという部分では自分と似てますけど、お客さんへのアピールとか、やっぱりすごいなあと。マイクパフォーマンスはさすがだなと思いました。

――「57年会で興行をやりたい」とおっしゃっていますね。

やりたいですね、早く。やるんだったら、いましかないと思うんですよ。先延ばしにしちゃうとだれかが海外に行ったりするかもしれないし、いまみんなが日本で頑張っているうちにやりたい。いままでにないような、すごい興行にしたいですね。できると思うんですよね。それぞれスタイルが違うし、みんなぶっ飛んでるので（笑）。

――岡本記者が「岡林裕二・性豪伝説」という記事を書いたとき、大日本プロレスにクレームが入ったそうで

すね。「チャンピオンがこんな記事を書かれていいのか？」と（笑）。

トップ記事でしたからね。デビュー当時、はじめて岡本さんに取材していただいたとき、「寮生活はどうですか？」と聞かれて、そっち系の話になったんですよ。「どうしてるんですか、普段？」と聞かれて、「いろんな店に行ったりしてます」と答えて。それからしばらく経ってベルトを防衛したときに「あのときの記事、使っていいですか？」と聞かれて、「いいですよ」と。僕もなにを言ったか忘れてたんですよ。そしたらあれがバーンと出たんです。

――記事の内容は本当なんですか？

本当です（笑）。詳しくはここでは言わないですよ。

――Ｔｗｉｔｔｅｒなどで使っている「ピッサリ!!」とはどういう意味ですか。

意味はないです。「ピッサリ旨い」とか「ピッサリ楽しい」とか、そういう使い方をしてるんですけど。はじめて使ったのは、家で嫁さんに「麦茶持ってきて」と言うときに、「ピッサリ持ってきて」みたいな（笑）。テンションが上がってたんですよね。それからブログに「ピッサリ」と書いていたら、反響がすごくて。僕、そのときＴｗｉｔｔｅｒはやっていなかったんですけど、いろんな他団体のレスラーが「大日本プロレスの岡林がピッサリ、ピッサリ言ってるけど、あれはなんだ？」みたいな感じでツイートしてくれたみたいで。これはリング上で使うしかないということになって、締めの言葉に「ピッサリ」を入れたりしています。

「ひとりじゃ絶対、ダメですね」

――今後の目標は？

大日本プロレスをもっともっと、いろんな人に知っていただきたいです。若い力がどんどんきているので、自分がいろんな面でレベルを上げていきたい。そうすればみんなも、「岡林さんに負けたくない」という気持ちでくると思うので。あとは試合以外の部分ですよね。営業だったり物販だったり。プロレス以外でも、自分たちが見本になって頑張っていく。みんなでやっていかないとダメだと思うので。ひとりじゃ絶対、ダメですね。

――岡林選手が思う〝強さ〟とはなんですか？

負けたくない気持ちじゃないですかね。あの人より強くなりたい、負けたくないという気持ちがあったから、自分は強くなれたと思います。

――プロレスの強さと、人間としての強さはリンクしていると思いますか。

自分の場合はしてると思います。自衛隊で体育学校にいて、部隊も経験しましたけど、そこで体力的にも気持ちも全部、強くなったなという気はします。あそこであんなにキツいことをやったんだから、どこに行ってもやっていけるぞと。自衛隊に入って本当によかったです。ちょっとやそっとじゃへこたれないし、精神力も鍛えられました。走るとかウエイトトレーニングとか、そういう部分だけじゃなくて、忍耐力がつきましたね。

——では、次の最強レスラーを指名していただけますか。

ドラゴンゲート（当時）の鷹木信悟選手。4年くらい先輩なんですけど、ドラゴンゲートを引っ張っていっているイメージです。メンタルの部分で、めちゃめちゃ強い人なんじゃないかと思います。

——ありがとうございました。

取材をすると、その人を熱烈に好きになる。恋をすると言ってもいい。岡林もそうだし、鈴木秀樹もそうだ。（2017年）5月5日、大日本プロレス横浜文化体育館大会の前夜、「明日どちらかが負ける」と思ったら涙が出た。どちらが負ける姿も見たくはない。ベルトを半分に割ってほしい……。鈴木秀樹はベルトを防衛した。岡林は負けてしまった。結果を見ればそれだけのことだが、過程はもっと複雑だ。岡林のパワーファイトに、鈴木が押される場面が何度もあった。鈴木のレスリングのうまさに観客は魅了された。佐藤光留は「プロレスラーは勝敗にこだわるべき」と言ったが、果たしてそうなのだろうか。プロレスは、試合内容がすべてなのではないか。これほどの名勝負を観たあとには、そんなことを考える。

強さとは、なんだろう。毎日毎日、自問自答を繰り返していると、迷路に迷い込んでしまう。強さとはなにか、追求する意味があるのだろうか。プロレスラーは皆、それぞれに強い。それでいいのではないだろうか。グルグルと考え、わからなくなる。

これまで10人のレスラーを取材し、記事を書いた。そのたびにわたしは恋をした。この連載をはじめて得たものと言えば、強さとはなにかの答えではなく、10の恋心だった。この先、なにが見えてくるのかわからない。いまはただ、11番目の恋をするのを待つしかないのだろう。


取材をすると、その人を熱烈に好きになる――。極度の緊張状態における「吊り橋理論」かもしれない。吊り橋の上のような不安や恐怖を強く感じる場所で出会った人に対し、人は恋愛感情を抱きやすくなるという。

わたしは父親とお風呂に入ったことが一度しかない。不仲だったわけではない。母がわたしと父を〝性的に〟隔離して育てたのだ。一度だけ一緒にお風呂に入ったそのとき、父はわたしの髪を石鹸で洗った。ゴワゴワした髪の感触が妙に嬉しかったのを、いまでも鮮明に覚えている。

大学4年生のときはじめて男性とお付き合いしたが、1か月半でわたしから別れを告げた。社会人になってから交際した別の男性にも、1か月半で別れを告げた。その次（マザコン弁護士だ）も1か月半。なぜいつも1か月半なのかと言うと、大体1か月半でセックスする流れになるからだ。そうなると嫌悪感がフツフツと湧き、拒絶してしまう。どうしても性的に男性を受けつけない。そのうち男性と接することが怖くなった。

次々と男性にインタビューをする。それはわたしにとって、荒療治であった。それでも彼らの内面を知るにつれ、わたしは恋心を抱くようになった。もしこの人と付き合ったら、1か月半で別れるんだろうなと思いながら。

試合に負けた奴が主役になったり、
負けた奴が光ったりする唯一の競技

vol. 11

鷹木信悟

SHINGO TAKAGI

はじめてドラゴンゲートの試合を観戦したのは、プロレスを観はじめて1年が経った頃だった。衝撃だった。他の団体とは、速度がまるで違う。選手の動きも速いし、試合展開も速い。当時のわたしは、「じっくりとしたレスリングで魅せるのが正しいプロレス」という凝り固まった考え方をしていた。だからはじめて目にする、華やかでスピーディーなプロレスに戸惑った。猛烈に惹きつけられながらも、まるで禁断の恋であるかのように「好きになってはいけない……」と気持ちに蓋をした。

今回のインタビューにあたり、1年半ぶりに後楽園ホール大会に足を運んだ。バルコニーから見下ろすリングは、相変わらず煌びやかでまばゆい。そして若いレスラーたちの美しい顔……。鍛え上げられた肉体……。嗚呼、魅惑のドラゴンゲート！

自分の気持ちに正直になろう。わたしはこの団体が好きだ。

とりわけ、鷹木信悟というレスラーが好きだ。ゴツい体つきのパワーファイターはどの団体にもいる。しかし鷹木が持つスピードと、ドラゴンゲート特有の華やかさは、唯一無二と言えよう。もちろんパワーもある。レスリングもうまい。そしてインタビューを通して浮かび上がってきた、思想の深さ、志の高さ。さらには俺様っぷりにも、乙女心をくすぐられてしかたない。わたしがプロレスラーに求めていたものを、この人はすべて持っているような気さえした。

（2017年6月）

Profile

鷹木信悟（たかぎ・しんご）／フリー。1982年11月21日、山梨県中央市生まれ。高校卒業後、アニマル浜口ジムのレスリング道場に通いながら、体づくりを学ぶためトレーナー専門学校に通学。浜口道場で3年間を過ごしたのち、2004年、DRAGON GATE（当時、闘龍門）に入門。2006年5月から単身アメリカ修行をし、2007年4月、日本マットに復帰。2008年、25歳の若さでドリームゲート王者に輝く。2018年10月、ロス・インゴベルナブレス・デ・ハポンに加入し、新日本プロレスのマットに上がる。愛国心に溢れ、海外の大会にも数多く出場。大和魂を世界に発信している。178センチ、96キロ。Twitter：@Takagi__Shingo

vol.11

鷹木信悟

「試合に負けた奴が主役になったり、負けた奴が光ったりする唯一の競技」

——岡林裕二選手から〝最強レスラー〟に指名されて、いかがですか。

あんな規格外の化け物みたいなレスラーからね。光栄ですよ。岡林選手は歳が一緒なんでね。昭和57年生まれのレスラーとして、意識する存在かな。

——同級生というのは意識するものですか。

意識するね。57年会という会で集まったりもしていて、「俺たちの代でプロレス界を盛り上げよう」という話をしてる。俺と内藤哲也と飯伏幸太の3人でスタートしたんだけど、あのふたりは時間どおりに来ない、ドタキャンする、最近に至っては出席すらしない。それでいろんな団体の選手に声を掛けて、メンバーが増えた感じかな。

——岡林選手は鷹木選手のことを「メンタルの部分で、めちゃめちゃ強い人なんじゃないか」とおっしゃいました。

目に見える強さがわからないんじゃない？（笑）　まあ、この間、大日本プロレスに出場したときにはじめてタッグを組んで、岡林選手も感じるものがあったんじゃないかな。ドラゴンゲートは試合数がたぶん日本でいちばん多いから。

――年間200試合くらい？

200やってる奴もいるけど、俺は170くらい。様々な人の前でプロレスをやっているなかで、全方位に神経を張り巡らせているというか。リングに上がると正面がどこかとか、お客さんはどこが沸きやすいかとか、どう反応するかっていうのを無意識にやってる。そういった意味で、岡林選手にはプロレスの深さを味わってもらったっていうかね。フフフ。

メンタルの強さにつながるのかわからないけど、生まれ持った体格が180センチ以上あるわけでもないし、100キロあるわけでもない。それでもヘビー級の選手と当たっていくには、やっぱり頭を使わなければいけない。バカみたいに真っ向勝負しても敵わないから、見せ方を変えたり、闘い方を変えたり。そういうなかで存在感を出せたらなと。

――頭を使うというのは、どういったところで？

プロレスってどうしても、攻めてるほうが「あいつすげーな」って思われるけど、技を食らっていても俺が中心に見えるようには意識してる。天龍源一郎さんに言われて心に残っているのは、「タッチして控えていたりリングの下にいるときも、ファンは細かく見てるから、常に気を張っておけ。エントランスから出たら、歩き方、表情。全部、技だと思え」ということだね。

「試合の勝者もいるけど、勝負の勝者もいる」

――ドラゴンゲートはＴｗｉｔｔｅｒのアカウントを持っている選手が少ないですよね。団体のアカウントもない（現在は開設している）。

拡散が速いわけだし、みんなやればいいのにと思うけど。そこまでの欲がないのかな。俺は30過ぎたとき、「やべえ、30代のうちに鷹木信悟という存在を世間に広めていかないと」と思ってやりはじめた。いまが自分の全盛期なわけだから、1年1年を大事に、悔いなくやりたいなと。失敗も成功も関係なく、いろんなことにトライしようとは思ってる。他団体のオファーも、日程が合えば受けたいし。

――ドラゴンゲートは他団体に出場する人が少ないなか、鷹木選手は積極的に参戦しています。

あんまり興味がない選手が多いんじゃないかな。とくに俺らの後輩なんかは、ドラゴンゲートしか見ないで入ってきた奴が多いと思うし。逆に俺は、ドラゴンゲートを見ないでプロレスラーになろうと思ったから。高校を卒業して3年間、アニマル浜口さんのところで修行したあと、いろんな団体を見ていくなかで、たまたま当時、闘龍門だったドラゴンゲートがすごく魅力的に感じたんだよ。

ただ、ドラゴンゲートに入りたくてプロレスラーを目指したわけじゃないから、その辺が他の選手とはちょっと感覚が違う。ドラゴンゲートを盛り上げたいという気持ちがないわけではないけど、どちらかと言うとプロレス界を盛り上げたい。うちだけが流行っていればいいとか、そういう感覚じゃなくて、もっとプロレスっていうワードを世間に流行らせたい。

——他団体に出場することに関して、会社からなにか言われたりしますか。

とくに言われないな。「本人がやりたいなら勝手にやれば」みたいな感じだと思う。他団体に行くと、ファイトスタイルも違うし、客層も違うから、そういったなかで研ぎ澄まされる。普段ドラゴンゲートだと俺より小さい奴を相手するから、ある程度なんでもできる。それがデカい相手になると、頭を使うし体力も使うから、それが面白い。アドレナリンが出て、いつも以上の鷹木信悟が出る。もちろん攻め込まれるからヤバいなとは思うけど、そういう危機的状況になるから120%の自分が出せるんじゃないかな。

——他団体で、いちばん印象に残っている試合は？

試合中に「ああ、完敗だ」と思ったのは、ZERO1の靖国大会に出たときの田中将斗戦。試合の後半、すべての技を畳みかけたときに、田中将斗のほうが余裕があるなと思った。試合に負ける前に、勝負に負けたというかね。プロレスって不思議なもので、試合の勝者もいるけど勝負の勝者もいる。試合に負けた奴が主役になったり、負けた奴が光ったりする唯一の競技なんだよね。

「男として強くなりたいという憧れがあった」

——子どもの頃からスポーツが好きだったんですよね。中学は野球部で、高校は柔道部。

体を動かすのは好きだったね。小学校のときに兄の影響で少年野球に入ってたから、中学は流れでそのまま野球部に入ったけど。実は小学校高学年のときに「強くなりたい」という気持ちになってて、空手をやったり合気道をやったりしてた。中学に入ったら柔道をはじめて、結構、熱中したかな。

——プロレスに目覚めたのはいつ頃ですか。

小学校6年のときにはじめて生のプロレスを観て、別世界というか、こういう人たちはみんな化け物なんだろうな、自分とは住む世界が違うんだろうなと思ったんだけど。でもやっぱり強くなりたいという欲があったから、武道とかの方向に進んでいった。プロレスラーになろうと思ったのは、中学2年くらい。なれるわけないと思ってたから、悶々とした夢だったけど。

——はじめて生で観戦したのは、どの試合?

IWAジャパンのテリー・ファンクとザ・ヘッドハンターズが出てたタッグマッチかな。体を鍛えた男たちがぶつかり合う姿に魅力を感じたんだよ。人間、鍛えたらあそこまで強くなれるのか、強靱な肉体ができるのかと。男として強くなりたいという憧れがあったな。

——大仁田厚さんに憧れていたとか。

テレビに出ていることが多かったから、プロレスラーと言えば、ジャイアント馬場、アントニオ猪木に次いで、大仁田厚っていうのがあったんだよね。師匠である浜口さんもそうだけど、大仁田さんの熱さに憧れてた。歌手なんかでも長渕剛さんが好きだし、熱い人間に惹かれるところがあると思う。

——アニマル浜口ジムに入ったのはなぜですか。

中学のときに進路希望調査で、「全日本プロレス、新日本プロレス、ＦＭＷ」って書いたら、先生に「どうやったらプロレスラーになれるか調べてみろ」と言われて。それで町の図書館に行ったら『プロレスラーになる方法』という本があって、「アニマル浜口ジムのレスリング道場の出身者が多い」って書いてあったんだ。そこに行けばプロレスラーとして基礎を学んで強くなれるんだっていう、純粋な鷹木少年の考えだな。

中学を卒業したらすぐに道場に入りたかったんだけど、母親に「高校くらい行きなさい」と言われて。父親も「柔道も強くないのに、いきなり名門の道場に行って通用するわけないだろ」と。それもそうかな、そんなに甘くねえかなって子どもながらに思った。まずは柔道で結果を残さなければと思ったから、高校に行って柔道部で頑張った感じかな。

——高校卒業後、念願叶ってアニマル浜口ジムに入られました。新日本プロレスの内藤哲也選手と同じ時期ですか？

内藤は俺よりちょっと先。みんな高校を卒業して全国から集まってくるけど、結局残ったのは少なかったよ。半年、1年と経てばいなくなる。それなりに厳しいし、どこかで挫折しちゃうんだろうな。現実を知るというか。テストも受けずに帰っていく奴もいたし、怪我で断念っていうのも見てきたし。

――いまでも浜口ジムに通われていますよね。

道場に出ることはなかなかないけど、調整でちょっとウエイトトレーニングをやりたいときとかに行くね。昨日も行ったんだけど、15、16年前のことを思い出した。高校卒業してすぐ上京したよなあ、とか。当時の気持ちを忘れないために行くんだよね。

――アニマル浜口さんとは、いまでも交流が？

昨日も会って、道場のマットの上でいろいろとご指導いただいたよ。「試合前に早口言葉を言え」とか。早口言葉を言うと脳が活性化して、リング上で一瞬の閃きが生まれるぞっていう。それと、大声を出せと。邪気邪念を取り除くために。あといつも、「明るく元気に陽気にやれ」と言われるね。

――中学生のとき「新日本、全日本、FMW」を希望していたのが、なぜドラゴンゲート（当時、闘龍門）に入団したのでしょうか。

当時はちょうど、プロレス界も変革期というか。プロレスラーを目指す我々にとっては、ちょっと異変が起こってる時期だったんだよね。総合格闘技が伸びてきてたから、新日本プロレスは格闘技路線で、全日本プロレスは分裂、FMWは倒産。「プロレス界、大丈夫か?」みたいなところがあって。そういったなかで、闘龍門がすごく安定して見えた。

元々は興味なかったんだよ。体の小さい選手が女性向けにチャラチャラしたプロレスやってる、みたいに思ってた。浜口道場の仲間に「観に行こう」と誘われたときも、「俺あそこ好きじゃねえんだよな、学生プロレスみたいなノリでやってるんだろ」って言って。でもいざ観に行ったら、すごくレベルが高くてびっくりした。なによりも、お客さんを満足させているプレイヤーが多いなあと。そういったところで魅力を感じたんだよ。

――ドラゴンゲートに入団してから、挫折や苦労はありましたか。

ここがキツかった、というのはないな。そのときは大変だったかもしれないけど、振り返ってみれば、なにを努力したとか苦労したとか、あんまりない。……ああ、団体内でのユニット編成みたいのが面倒くせえなと思って、アメリカに飛んじゃったというのはあるな。いま思うと心残りなのは、当時、デビュー1年半くらいだったから、せめて日本で3年くらいは基礎を学んでからアメリカに行きたかったかなと。そうしたらまた違った結果が出ていたと思う。

「海外に行くとみんな、かぶれるんだよ。俺はああいうのが嫌いでね」

――アメリカ遠征はいかがでしたか？

1年いたけど、大した活躍をした記憶はないな。テキサスに住んでいて、テキサスでベルトを3本くらい持ってたから、自分では「テキサス四天王だ」って勝手に言ってたけど。まあ、四天王って言っても、他の3人がだれかわからないけどね（笑）。

そう言えば、ブッカーTっていう、当時WWEで活躍していた選手がテキサスで道場をやっていて、トライアウトに行ったことがあった。スパーリングをしたら、終わった瞬間に拍手されて、「お前はいい。WWEのトライアウトも絶対受かる。俺が英語を教えるから、うちの道場に来い」って言われてね。でも俺はWWEに興味がなかったから、そのまま放置した。うちにいた戸澤（陽）がいまWWEで活躍してるけど、「あのとき俺も行っていたら……」なんて全然思わないな。

――いまも、WWEに行きたいとは思わないですか？

べつに思わない。戸澤が生半可な試合をしてるんだったら、あいつの対戦相手になるぞ、くらいの気持ちはあるけど。あいつはアメリカ遠征から帰ってきたら、すごいアメリカかぶれしてて。海外に行くとみんな、かぶれるんだよ。新日本の内藤も、メキシコから帰ってきたらスペイン語ばっかり喋って。俺はああいうのが嫌いでね。まあ、戸澤とは同時期にデビューして、あいつのほうがいま世間的には活躍しているように見えるけど、同じリングに上がったらいつでも負けないよっていう気持ちはある。

――鷹木選手は愛国心が強いですよね。ユニット名が「KAMIKAZE」「暁～AKATSUKI～」だったり、技の名前が「MADE IN JAPAN」だったり。

アメリカ遠征中、腰に日の丸の旗を巻いて入場したりしてたんだけど。意外と現地の人のほうが「大和魂」とか「武士道」とか、そういう言葉を使ってた。俺はそれまで日本のことをあまり知らなかったんだけど、帰国してちゃんと学んでみたら、こんなにいい伝統と文化があるんだったらしっかり胸に刻んでいきたいと思ったんだよね。

愛国心という言葉に対して反応する人がいるかもしれないけど、自分の国が好きなのは当たり前のこと。郷土愛はみんな素晴らしいって言うのに、愛国心って言うとちょっと変わった奴だなと思われるのが日本のヘンな空気だなと思う。言ってみれば、ドラゴンゲートに対する愛社精神と、プロレス界に対するプロレス愛みたいなもので。プロレスを通して、日本の伝統と文化を発信できたらいいなっていう感覚かな。

——日本についてどんなことを学ばれたんですか？

新渡戸稲造の『武士道』を読んだり。あとは軍人五箇条とか。意外とそういったところにプロレスのヒントがあるんじゃないかと思う。侍も軍人も闘っているわけで、プロレスラーも同じ闘う者として、精神性というか、心理的なもので学べるところがあるんじゃないかなと。好きなんだよね、歴史の本とか。

——日本について学んだことによって、ご自身に変化はありましたか。

靖国神社とか鹿児島の知覧で特攻隊の遺書を見たりしてたら、何事も受け入れる自分ができたというか。物事、なるようにしかならないから。プロレスをやってたら怪我もするし、もしかしたら命に関わることだってあるかもしれないけど、なるようにしかならないなという気持ちでリングに上がってる。腹くくって。

「14歳の鷹木少年が『鷹木信悟、こんなもんじゃねえだろ』って」

――小橋建太さんが、「鷹木選手はヘビー級だけど、他の団体にはないスピードや華がある」とおっしゃっていました。

真っ向勝負なんだけど、真っ向勝負とはちょっと違った闘い方ができるのが俺だと思う。ドラゴンゲートでは普通に動いているように見えても、他団体に出ると「動きが速い」となる。そういった意味では、いいスパイスになって掻き回せるかなと。体重がなきゃヘビー級のチャンピオンになれないっていうわけじゃないだろうし。あんまりヘビーだ、ジュニアだって、分けたくない。無差別でいきたいね。

――いまはキャリアのなかでどんな時期ですか。

はじめてプロレスラーになろうと志した14歳の鷹木少年がね、いつも試合会場に来ていて、「鷹木信悟、こんなもんじゃねえだろ」って言ってる気がするんだ。理想は高く持ってるつもりだから、そこに向けてどう行動していくかっていうことだな。

――どこまでいくのが理想？

もっとパワフルに動けるようになりたいし、もっと体をゴツくしたいし、もっと技術を上げていきたい。あとはもっと世間にアピールできるようなことをやっていきたい。そのひとつとしてずっとやってきたのが、地元凱旋のときは必ず1000人以上集まるイベントにすること。地元ではカッコつけたかったから、知名度の高いゲストと試合をして、引けを取らないようにやってきた。過去に、曙さん、大仁田さん、小島聡さん、去年は関本大介、岡林裕二、今年は武藤敬司さんを呼んだんだけど。コラボすることによって、自分自身の価値を高めようというかね。もちろん知名度も高めようと思ってやってるし。

――鷹木選手から見て、ドラゴンゲートはどんな団体ですか。

所属の人間（現フリー）がこう言うのもおかしいかもしれないけど、プロレスを利用した娯楽っていう感じがする。ＧＡＯＲＡ（ＣＳスポーツチャンネル）とかでも「バトル・エンターテインメント」と言ってるし。あんまりプロレス、プロレスしていないというか。まずお客さんを楽しませようというのがあって、その中にプロレスがある。プロレスの中にドラゴンゲートがあるんじゃなくて、ドラゴンゲートっていう娯楽イベントの中にプロレスがある感じかな。

ただ、そこに異を唱えているのがＶｅｒｓｅｒＫ（鷹木がリーダーのユニット）で、「馴れ合いをやめて、また熱いプロレスをやろうぜ」っていう志を持った人間が集まってる。浜口道場に通ってた俺からしたら、レスラーが自ら「娯楽」と謳うのには抵抗があるし、プロレスの本質を忘れているんじゃないかなと。まあ、どう捉えるかはお客が決めることではあるんだけど。

――コスチュームや髪型が昔からほとんど変わりませんが、こだわりは？

自分の気持ちが乗ってリングに上がれるかどうか。髪型、コスチューム、ガウンもそうだし、首飾りもそう。あのアイテムでリングに上がるから、鷹木信悟というレスラーが憑依《ひょうい》する。本人なんだけど、違った自分が降りてくる感覚かな。

――ツーショルダーのコスチュームにしている理由は？

あれはね、単に俺がいちばんゴツく見えるから（笑）。腕とかはわりとゴツゴツ筋肉をつけやすかったんだけど、背中とか胸とか、もちろん腹筋とか割れてるわけじゃないからね。まあ、そこまで深くこだわってはいないから、もし大きな出来事があれば生まれ変わることもあるかもしれない。そういうチャンスがあればね。まったく考えていないわけじゃない。

――ボディビルをやられたり、トレーナー専門学校に通ったり、体作りへのこだわりもすごいです。

小学校、中学校と太ってたから、カッコいい体に憧れたっていうのもあって。いまでもそういうのを求めて、ボディビルダーみたいに減量したいという気持ちと、レスラーとしてデカくありたいっていう葛藤でいつもぶつかってる。10年近く前、86キロくらいまで落としたんだけど、動きはべつに速くならないし、軽いと技に説得力がないのと、相手によく投げられる。だから無理に軽くしなくていいかなと思った。本当は100キロ以上あってね、腹筋とか割りたいけど、なかなかね。まだ葛藤しながら模索中。

「いましかできないことを精一杯やりたい」

――プロレスに限らず、こだわりや譲れないことは？

シューズにこっそり「GNO」っていうイニシャルを入れてる。意味としては、日本語にするとちょっと恥ずかしいけど、「義理、人情、恩返し」。義理っていうのは、プロレスラーとして、人として、正しい行いをすること。人情っていうのは、情け、思いやりを持つこと。恩返しっていうのは、いちばん難しいと思うけど、恩っていう字が好きで、〝大きくなる心を囲む〟っていうかね。逆に言ったら、俺自身にいちばん足りない部分でもある。忘れてしまうから身につけているような。

――そういった考え方は、長渕剛さんの影響もありますか。

それはあるね。アメリカ遠征中も、怪我で試合ができなかったとき、長渕さんのDVDを観たりCDを聴いたりしてた。子どもの頃から長渕さんの歌を聴いて「よし、頑張ろう」と思ってたから、いまだにそれは変わらず。精神安定剤みたいな。すごく心に沁みる。

――いちばん好きな曲は？

最近好きなのは、『西新宿の親父の唄』。長渕さん自身に照らし合わせているのかわからないけど、歌手を目指して「銭にならねえ」とか言ってる奴が、66の親父に「やるならいましかねえ」って連呼される。その親父が死んじゃうんだよ。その曲を聴いて俺も、本当にやるならいましかねえなと。リング上でも言ったけど、いましかできないことを精一杯やりたい。いつも考えてるのは、14歳の鷹木少年が「こうなるだろう」と思った夢があって、その夢を実現できているかと言ったら、まだできていないなと。

――14歳の鷹木少年が思い描いていた夢とは？

もっと活躍して、知名度もあってね。もっとテレビに露出したりね。もっと実力もあって、世界のどこでも通用するようなレスラーになること。そういう夢や野心を追いかけながらも、現実を見てどう解決していくかだな。

――今後の目標は？

ドラゴンゲートのファンって、ドラゴンゲートしか観ない人が多い。でもプロレスファンはもっといっぱいいる。新日本だったら東京ドームに3、4万人も集まるわけだから、そういう風にどんどん露出していけるように活躍するしかない。そのためには、負けを恐れず、挑戦していく必要がある。長渕さんの歌じゃないけど、やらない後悔よりは、やる後悔をしたい。環境を変えるっていうのは怖いことだけど、リスクがないとチャンスは掴めないから。

この前、武藤さんと試合をして、武藤さん、たぶん膝とか悪いと思うし、車いすに乗ってるときもあるって聞いたけど、そういうなかでも、プロレスを愛するがゆえにリスクを背負ってやっているのを見て、考えるものがあった。武藤さんに対する尊敬の念も増したし、偉大だなと思った。俺自身もプロレス界でそこまでになりたいというか、自分が行動することでプロレスが盛り上がるんだったら、なにかやりたいなと思う。

——「強さ」とはなんだと思いますか。

生き様を貫くことじゃないかな。普通とか、世間体とか、常識とか、「だれが決めたんだ?」って思う。いい意味で非常識でありたい。常識外れな人間っていう意味じゃなくて、常識を壊すという意味でね。生き様っていうのは、自分が正しいと思う信念。プロレスっていうのはこういうもんだ、とかね。

——プロレスとは、どういうものなのでしょう?

ひと言で言うと、闘い。それを見たお客が元気をもらったり、感動したり、「自分も現実と向き合って闘おう」って思えるようなね。そういうのを見せるものなんじゃないかなと。よく、「痛いのが好きなんですか?」って聞かれるんだけど、痛いのはすんごい嫌い(笑)。そうじゃなくて、プロレスが好きで、プロレスが唯一、自分の生き様を真に表現できる場所だから、俺たちはプロレスの上で生きている。

――では、次の最強レスラーを指名していただけますか。

同年デビューでいま頑張っている、（プロレスリング・）ノアの中嶋勝彦。2004年にデビューして、当時15歳だったのかな。デビューして1年くらいのとき、よくシングルマッチとかやってて。向こうも子ども扱いされるのは嫌だったろうけど、こっちも「生意気なクソガキ！」と思って試合してた。それがいま、ああやって団体のチャンピオンになっててね。俺が15歳でこの業界に入ってたら、あんなには突っ張れなかったと思うから、尊敬の念にはなってる。意志が強かったんだろうな。

――ありがとうございました。

ドラゴンゲートは、ある意味、「鎖国」をしている。メディア露出もしないし、Twitterもやらない。基本的に他団体にも出場しない。一部の熱狂的ドラゲーファンに向けて興行を打っている。その独自路線が成功しているのだから、それでいいのかもしれない。しかし鷹木信悟はそうは思っていない。ドラゴンゲートさえよければいいのではなく、プロレスというものを世間に広めたい――。来月（2017年7月）開催される小橋建太プロデュース興行「Fortune Dream 4」について、「チャンスだと思う」と話した。鷹木ならきっと、チャンスをものにしてくれるだろう。

14歳の鷹木少年の夢が叶うことを、願ってやまない。

西新宿の親父の唄

作詞・作曲　長渕剛

続けざまに苦しそうなせきばらいをしてた
西新宿の飲み屋の親父が昨日死んだ
「俺の命もそろそろかな」って
吸っちゃいけねえ タバコふかし
「日本も今じゃクラゲになっちまった」って笑ってた
わりと寂しい葬式で春の光がやたら目をつきさしてた
考えてみりゃ親父はいい時に死んだのかもしれねえ

地響きがガンガンと工事現場に響きわたり
やがて親父の店にも新しいビルが建つという
銭にならねえ歌を唄ってた俺に 親父はいつも
しわがれ声で俺を怒鳴ってた
錆ついた包丁研ぎ とれたての鯛をさばき
「出世払いでいいからとっとと食え」って言ってた
「やるなら今しかねえ やるなら今しかねえ」
66の親父の口癖は「やるなら今しかねえ」

古いか新しいかなんてまぬけな者たちの言い草だった
俺か俺じゃねえかで ただ命がけだった
酒の飲めない俺に無理矢理とっくりかたむけて
「男なら髪の毛ぐらい短く切れよ」ってまた怒鳴った
西新宿の飲み屋の親父に別れを告げて
俺は通い慣れた路地をいつもよりゆっくり歩いてる
すすけた畳屋の割れたガラスにうつっていた

暮らしにまみれた俺がひとりうつっていた
「やるなら今しかねえ　やるなら今しかねえ」
66の親父の口癖は「やるなら今しかねえ」

「やるなら今しかねえ　やるなら今しかねえ」
66の親父の口癖は「やるなら今しかねえ」
やるなら今しかねえ　やるなら今しかねえ
やるなら今しかねえ　やるなら今しかねえ

　

プロレスって素晴らしいなと思うのは、
痛みを人に伝えられるところです

vol. 12

中嶋勝彦

KATSUHIKO NAKAJIMA

「なんでよけるかなあ!」

大歓声に紛れて、そう叫ぶ客がいた。超満員の会場に、白けた空気が漂った。

2017年6月4日、プロレスリング・ノア後楽園ホール大会。GHCヘビー級チャンピオンである中嶋勝彦が、5度目の防衛戦に勝利した直後のことだ。おそらく挑戦者モハメド ヨネの必殺技・キン肉バスターを、中嶋が受けなかったことを言っているのだろう。

ノアを創設した三沢光晴は、「受けの天才」と呼ばれた。どんな技でも受ける。受けきったうえで勝つ。そんな三沢のプロレスを愛するファンが、いまでも多くノアを応援している。三沢の付き人だった丸藤正道、三沢が亡くなる直前までタッグパートナーを務めた潮﨑豪……。三沢イズムを継承するレスラーたちのなかで、昨年ノアに入団したばかりの中嶋を、ひょっとしたら受け入れていないファンもいるのかもしれない。

「なんでよけるかなあ!」——たったひとりの客が叫んだこのひと言が、なにか大きな意味を持つように感じられ、胸が締めつけられる思いがした。自分と重ね合わせていた。

「プロレスをわかってねえな」

そう非難されたことを、わたしは思い出していた。

(2017年7月)

Profile

中嶋勝彦(なかじま・かつひこ)/プロレスリング・ノア所属。1988年3月11日、福岡県福岡市生まれ。小学校3年生から空手をはじめ、中学1年生のとき、極真会館松井派主催の全国大会で優勝する。2002年12月、WJプロレスにスカウトされ、入団。2004年1月、石井智宏戦でデビュー。同年4月、WJプロレス崩壊に伴い退団し、健介オフィスに入団する。様々な団体に参戦し、数多くのタイトルを獲得。2015年7月、健介オフィスを退団。フリーを経て、2016年1月、主戦場にしていたノアに入団。GHCヘビー級王座に輝くなど、新世代のエースとして活躍している。空手をベースとした強烈なキックでファンを魅了する。175センチ、95キロ。Twitter:@noah_katsuhiko

vol.12

中嶋勝彦

「プロレスって素晴らしいなと思うのは、痛みを人に伝えられるところです」

――鷹木信悟選手のご指名です。15歳9か月、男子では日本のプロレス史上最年少でデビューして、意志が強かったんだろうと。

光栄ですよ、嬉しいですね。鷹木選手とは同年デビューで、とても刺激をもらっている選手のうちのひとりです。ドラゴンゲートでも試合をしましたし、健介オフィスの後楽園ホール大会でもシングルをやらせてもらいました。それ以来かな。

――（2017年）6月4日の後楽園ホール大会、素晴らしかったです。三沢さんの追悼セレモニーも感動的でした。あの日のメインイベントで、モハメド ヨネ選手のキン肉バスターを受けなかったのはなぜですか。

だって、受けたら負けちゃうじゃないですか。

――どんな技でも、受けきる選手もいますよね？

僕もどちらかと言うと、受けきりたいタイプです。受けきるほうだと思います。でもキン肉バスターは危険な技ですし、彼のいちばん得意とする技でもあるので。きっとヨネさんも、僕のヴァーティカルスパイクを受けないようにしていたと思いますよ。受けたら、それで試合が終わってしまう可能性がありますから。

――「受けの天才」と呼ばれた三沢さんの団体の選手として、三沢イズムをどう捉えていますか。

僕はノアに入ってまだ2年目なので、丸藤さんや潮﨑さんのように三沢イズムを言葉にできるほどではないんですけど。三沢さんとはシングルで2度、闘わせていただいて、やっぱりすべての技を受けきってくださいました。プロレスの奥深さをすごく学べた気がします。

――追悼セレモニーのとき、どんなことを感じましたか。

三沢さんが作られたベルトを僕がいま持っているので、「大事なベルトを持たせてもらっています」という気持ちでしたね。

――昨年（2016年）10月にベルトを獲ってから、心境の変化は？

ノアをより盛り上げたいという気持ちが強くなっています。いまV6ですが、防衛するたびに思いますね。今年のノアは「NOAH THE REBORN」を掲げているくらいなので、本当に一からの再生というか、これから新たに作っていこうとしています。親会社も去年11月に新しくなりましたし。

――会社が新しくなって、選手にも変化はありましたか。

選手は変わっていないと思います。リングに上がることに関しては、ブレていないですね。僕だけじゃなく、他の選手もみんな。ノアに上がっているという誇りは、すでに持っているので。

――昨年12月、2年間ノアで抗争を繰り広げた鈴木軍が撤退しました。

いままでは鈴木軍に対して、みんなで頑張って倒そうという図式だったんですけど。鈴木軍がいなくなって、個の力や考えが目立つようになってきていると思います。純粋なノアに戻ったというか。

――観客動員数に変化は?

あったと思いますよ、やっぱり。だから本当に、これからなのかなと。お客さんがいちばん、これからノアはどうなっていくのか楽しみにしてくれていると思うし、いままでがいままでだったので、不安要素もきっとまだあると思う。そういうのを払拭できるような闘いを見せられるように、僕自身も努めていきたいなと思っています。

――不安要素と言うと?

簡単に言えば、お客さんを裏切るようなことがないようにしたい。期待に応えるのはもちろんですけど、期待以上のものを見せられるように。これまでもノアという団体は、そういう団体だったと思うので。

――中嶋選手と言えば、パワフルなキックです。小学校3年生のとき、空手をはじめたんですよね。

強くなりたかったんですよ。幼稚園の頃、喧嘩をしても負けて、いつも泣いて帰ってたんです。それが悔しくて。当時、兄が空手をやっていたので、自分もやりたいと言って、道場の門を叩きました。それ以降は空手に打ち込んだので、喧嘩はしなくなりましたね。

――中学校1年生のとき、全国大会で優勝しました。

極真会館松井派の大会です。全国からいろんな選手が集まって、僕も町道場からエントリーして。よく「極真だったんですか？」って聞かれるんですけど、僕は極真ではないんです。大会が極真ルールだったんですよね。フルコンタクトっていう、素手で殴り合うやつ。防具をつけて顔面ありというルールもあるんですけど、僕は顔面は蹴りだけで、パンチは首から下だけでした。

――その頃の活躍が、前田日明さんの目に留まったとか。

前田さんと会ったのは、中学校2年か3年のときです。当時は格闘技のほうに行きたくて、最初にご縁があったのが前田さんでした。横浜文体でリングス（前田を中心に１９９1年5月に旗揚げ）の試合があったときにご挨拶に行って、リングスに入りたいという旨を伝えたんです。そしたら「上を脱げ。背中を見せろ」と言われて。脱いだら、「じゃあ、来い」と言われました。

――でもリングスは解散しましたね。

中学を卒業したら入る予定だったんですけど、その年の12月に解散したんですよね。前田さん、覚えてるのかな？　覚えてないと思うなあ。もう15年前ですよ。

「自分のためにも、親のためにも、この生活をなんとかしたい」

――プロレスは好きだったんですか？

何回か観戦したことはありました。空手の先生がプロレス好きだったんです。それこそノアも観に行きましたし。はじめて観たのは小学校4年か5年くらい。愛知県に全日本プロレスが来るということで、先生に連れられて。先着100人、レスラーと写真撮影ができたので、先生と一緒に並びました。でもそんなに興味もないし、全然わからなかったです。すごい体だなあ、くらい。

――中学校3年生のとき、長州力さん率いるWJプロレスにスカウトされて入団されました。中学生にとって、すごい決断です。

ずっとプロの世界に行きたかったんですよ。高校なんて行ってらんねえ、と思ってました。勉強するよりもお金を稼ぎたかった。母子家庭で、めちゃくちゃ貧乏だったんです。空手の練習から帰ってくると、家が暗いんですよ。電気が止められてるから。奥のほうからローソクを持った母親が「お帰り」って出てきて、最初、お化けかと思って、まじでビビりました（笑）。そういうのが何回か続くと、慣れるんですね。「あ、今日は電気切れてんだ」みたいな。

ガスも止められてるから、水風呂です。それこそお金がないから、夜ご飯もないし。給食でたらふく食ってましたね。月に一回、学校で僕だけ茶封筒を渡されるんですよ。給食費を払っていないから。

だからもう、自分のためにも、親のためにも、この生活をなんとかしたいっていう気持ちでした。僕にとっては、高校に3年間行くよりも、外に出てお金を稼ぐ3年間のほうがよかったんです。

——就職は考えなかった？

まったく考えなかったです。プロしか見ていなかった。中学校って、部活に入らなきゃいけないじゃないですか。でも僕はプロに行くから、部活なんかやってられませんって言って。空手の先生を学校に呼んで、校長先生に直談判（笑）。だから僕、帰宅部だったんです。学校が終わったらそのまま道場に行って、空手の練習をしてました。

——空手のプロになりたかったんですか？

当時はK‐1です。アンディ・フグ、アーネスト・ホースト、マイク・ベルナルド、ピーター・アーツ。その4人が主軸になっていて、すごく華やかに見えたんですよね。アンディ・フグさんは極真の出身なんですけど、180センチで、K‐1のなかではすごい小さいほうなんです。それでもグランプリで優勝とかしていて、僕も体が小さかったので、そういう活躍に憧れてプロの道に行きたいと思いました。

——WJプロレスに入団してすぐ、X‐1で総合格闘技デビューされました。58秒でレフェリーストップ、KO勝ち。その頃、プロレスは？

受け身の練習とかはやっていましたね。プロレスデビューするための練習は、その頃からしていたと思います。長州さんに「コスチューム作っておけ」と言われて、翌年の1月にデビューしました。デビュー戦の相手は石井智宏選手。でも覚えてないんですよ、緊張しすぎて。なんの技をかけたとかも、あんまり覚えてない。必死でしたね。

「厳しいところに行けば、間違いないなと思った」

――2004年にWJプロレスが解散になって、健介オフィスに入団されました。健介オフィスを選んだのはなぜですか。

WJのときに、長州さんをはじめ、越中詩郎さんとか保永昇男さんとか、鈴木健想（現KENSO）さんとか、いろんな方々に練習を見てもらったなか、佐々木さんの練習がいちばん厳しかったんです。厳しいところに行けば、間違いないなと思った。それだけの理由ですね。佐々木さんがWJを辞めてフリーで活躍されていた頃で、2年半くらい一緒に住まわせてもらいました。お子さんの幼稚園の送り迎えもしましたし、すごく仲よくしてもらいましたね。

――かなり厳しいところだと聞きます。

厳しかったです。プライベートは全然優しいんですけど、仕事に関してはすべて厳しかったですね。練習だったり、礼儀だったり。礼儀がいちばん厳しかったかもしれないです。お辞儀の角度とか、そういうところまで指導されました。「頭をここまで下げろ」みたいな。

――全日本プロレスの宮原健斗選手と同門ですが、宮原選手はどんな方でしたか？

年齢は健斗が一個下で、後輩です。努力家でしたよ。練習メニューとか、ひたすらメモっていたのを覚えています。すげえなと思って。僕はそんなに計画性はないです。自分の体調とかを含めて、その場で決める。嫌なときはやらない。健斗は下手したら「何時にはこうしてなきゃいけない」とか、そういうタイプです。ああ見えて、細かい奴ですよ（笑）。

――健介オフィスには、16歳から27歳までいたんですよね。11年間、辞めなかった理由は？

僕のなかで、ここしかないと思っていたからですね。自分で選んだ場所だから。団体という枠で捉えたときに、健介オフィスって本当に小さな団体なんです。所属選手も6人くらい。だから興行をやるにしても、みんなでリング設営をしたりとか。人数が少ない分、喜びをみんなでわかち合えたっていうのはありました。

――一昨年（2015年）、退団されたのはなぜですか。

佐々木さんに、「独立したらどうだ？」って言われたんです。佐々木さんの言葉がなければ、辞めていなかったと思います。

――健介オフィス時代から、他団体にも多く出場されていました。

最初は新日本ですね。（獣神サンダー・）ライガーさんと東京ドームでやりました。２００４年１月にデビューして、その年の5月に。ドームの大きさとかも知らなかったですし、そんな大人数の中で試合をしたこともなかったので、すごく貴重な体験をさせてもらいました。花道も走ったんですよ。思いのほか、長くて。緊張もあってか、試合前に息が上がりました。

――デビューして5か月で東京ドームとは、エリートですね。

全然エリートじゃないですよ。しょっちゅう挫折してました。何回もプロレス辞めようと思いましたよ。健介オフィスのときは月に10〜15試合していたので、体力的にも精神的にもきつかったです。プロレスって、なかなか思い通りにいかないですしね。ベルトが獲れないとか、試合展開とかも。

――新日本プロレス以外だと、全日本プロレスとノアに上がることが多かった？

そうですね、全日本、ノア。でもＤＤＴもそうですし、みちのくプロレスとかも。ほとんどの団体に上がってますね。ＺＥＲＯ１も上がってました。大阪プロレスも上がったかな。

――フリーになるにあたり、たくさんの選択肢があるなか、なぜノアに入団を決めたんですか。

健介オフィスにいた後半は、ノアを主戦場にさせてもらっていたので、ノアに対する思いが強くなっていたんですよね。そのときからもう、ＢＲＡＶＥというユニットでやっていましたし、仲よくさせてもらっていました。試合以外でも楽しい場所だったので、自然とノアに入りたいという気持ちになりましたね。自分から入団したいとお願いしました。

――当時のノアはどんな状況でしたか。

2015年、鈴木軍が入ってきた年です。12月の大田区体育館で、鈴木軍の（シェルトン・X・）ベンジャミン戦で勝って、そのあとですかね。「考えがある」みたいなことを言って、翌1月にノア入りしました。気づいたら、僕はノアの一員だと思ってましたから。ノアを盛り上げたいという気持ちも人一倍強かったです。他団体なのに（笑）。

「殴ったら殴った手は痛いし、殴られたほうも痛い」

——今後の目標は？

とにかくノアを盛り上げること。それしか考えてないですね。

——どうすれば盛り上がると思いますか。

ノアがなにを見せたいかっていうのを軸にして、形にするべきだと思います。それをもっと確立していかないことには、観ているお客さんもわからなくなりますよね。いままさに、わからないと思うんです。ジュニアはそれなりに形になっているんですけど、ヘビーはお客さんになにを見せたいのか、はっきりしない。タイトルマッチとか前哨戦はわかるんですよ。でもそれ以外のとき、いったいなにを見せたいのか、僕にはわからない。会社的に軸があったほうが、もっと観やすいですし、もっと表現しやすくなるんじゃないかと思います。

――ユニット間の抗争だったり？

それすらもいま、やってないじゃないですか。即席ばっかりで。なにをしたいのかわからない。世代交代の軸を作ったら、面白くなるんじゃないかと思うんですよ。それがいま見せられる、いちばんの軸なんじゃないかなと。この間、防衛したときも、「上の世代が振り向いてくれないかな」とコメントしました。上の方々が偉大なレスラーばかりなので、刺激をもらいながら、いい意味で活性化できればいいかなと思っています。

――ノアのよさと、そうでない部分は？

よさとそうでない部分が、イコールだと僕は思いますね。もっとよさを出せる団体だと思いますし、これだけレベルの高い選手が揃っていて、バラエティも豊かで、ノアという団体はもっと上に上がれるはず。そうなるべきだと僕は思っていますから。レスラーのひとりとして、精一杯やっていきたいです。

――どんなレスラーになりたいですか。

痛みを伝えられるレスラーになりたいですね。肉体的な痛みもそうですし、精神的な痛みも。僕がいちばんプロレスって素晴らしいなと思うのは、痛みを人に伝えられるところなんです。いろんな挫折を表現できたり、耐えて耐えて、返していく過程も表現できる。大人ももちろんなんですけど、僕は本当に、子どもたちに見てもらいたいなと思っています。いじめのニュースが多いじゃないですか。

僕もいじめられた経験があるんですけど。

殴ったら殴った手は痛いし、殴られたほうも痛いというのを伝えたい。やる側の痛みと、やられる側の痛み。両方をプロレスは表現できると思うんですよ。殴ることで痛みを知るというか。そういう気持ちを理解してもらえるような試合ができたらいいなと思いますし、それを伝えるために、自分たちももっとプレイヤーとして、リングからできることってあるんじゃないかなと思っています。

――この連載では「強さとはなにか」を探っています。中嶋選手にとって強さとは？

痛みの数だと思います。僕は子どもの頃から、痛み続けてるんですよね。貧乏だったので、周りの目もありました。雨が降るとみんな車で道場に行くのに、僕だけ自転車で。台風の日も、ビショビショになりながら自転車こいで。そういう痛みも、殴られたときの痛みも、挫折したときの痛みも、越えられたときって強くなれるじゃないですか。それが僕は強さだと思います。プロレスラーに限らず、どんな人でも。

――では、次の最強レスラーを指名していただけますか。

最強と言えば、初代タイガーマスク。佐山サトルさんですね。どう考えても最強ですよ。理由はないです。生きるレジェンドです。僕はデビュー4戦目で、後楽園ホールでシングルをやらせていただきました。入場のときにトップロープを飛んで、本当にカッコよかったです。

――ありがとうございました。

中嶋に向かって「なんでよけるかなあ！」という野次が飛んだとき、わたしは数か月前、「プロレスをわかってねえな」と非難されたことを思い出した。強いレスラーばかり取材して、プロレスのなんたるかをわかっていない――。そういう連載なのだからしかたないじゃないかと言い返したかったが、言い返せなかった。わたし自身、なぜ強いレスラーを取材しているのか、見失っていたからだ。そんな自分が腹立たしかった。自分と中嶋を重ね合わせて、どこかホッとしていた。

しかし、中嶋とわたしは違った。彼は、なにひとつよけてはいない。貧しかった子どもの頃から、チャンピオンになったいまに至るまで、なにひとつ。たったひとりに非難されたくらいで逃げ出したくなるようなわたしとは違うのだ。強くてカッコよくて尊い、プロレスラーなのだ。

これからも、わたしは強いレスラーを取材する。プロレスとはなにか、強さとはなにかがわかるまで、よけずに記事を書いていく。それがきっと、わたしにとって強いということだから。

小学生のとき、進学塾に通っていた。私立中学を受験するためだ。しかし父の会社が倒産し、受験の１か月前、父はわたしに「受験を諦めてくれ」と言った。なんてひどい父親なんだと反抗し、わたしはそのまま私立中学に入学した。いま思えば、なんてひどい娘だったのだろう。母親のためにプロの世界に入ったという中嶋勝彦の話を聞きながら、心の中で亡き父に懺悔した。

母にも苦労をかけた。中学から大学まで私立に進み、やっと一流の会社に就職したと思ったら、うつ病になって休職。母は看病に明け暮れた。半年後に復職するも、「ライターになる」と言って勝手に退職。しかし仕事のつてはなく、フリーター生活が何年も続いた。三十路を前にようやく掴んだ仕事は、ＡＶ男優のインタビュー。性に関して拒否感を抱く母は、わたしの前ではじめて泣いた。

お父さん、お母さん、いままでごめんなさい。あともう少しだけ、親不孝を許してください。強さとはなにか、その答えが見つかるまで。きっとあともう少しだから。

心理学者は強さを作ることはできない。
それを作るのが、僕らの仕事

vol.13

佐山サトル

SATORU SAYAMA

8月某日。都内のカラオケボックスに、マイクを持たず、画面を一心に見つめる女性たちの姿があった。時折、「キャー!」という黄色い声を上げる。画面に映るのは、初代タイガーマスク。青のコスチュームと金色のマントを身にまとい、ステージの真ん中でエルヴィス・プレスリーの『Can't Help Falling in Love』を歌う。女性たちはその美声に聴き入り、「佐山さんに乾杯!」とグラスを合わせる。レモンサワーは、甘酸っぱい恋の味だ。

今年(2017年)2月、わたしは「佐山女子会」を結成した。きっかけは、『1984年のUWF』(柳澤健/文藝春秋)。プロレスに憧れ、失望し、それでも新格闘技という道を切り拓こうとする佐山青年は、儚さを帯びたヒーローそのものだった。ああ、佐山さんのすべてが好きだ! 闘いも、見た目も、思想も、歌が上手なところもすべて!

当時のわたしは、どん底だった。仕事がない。貯金は底をついた。このままでは飢え死にしてしまう……。佐山だけが心の支えだった。頑張って生きていこう。生きていれば、いつか佐山さんに会えるかもしれない。それだけを夢見ていた。

夢は突然、叶うことになった。ノアの中嶋勝彦が、最強レスラーとして佐山サトルの名前を挙げたのだ。「へえ、佐山さんですか。意外ですね」と平静を装いながら、わたしの体は小刻みに震えていた。オフィスをあとにした瞬間、涙が一筋、頬を伝った。

(2017年9月)

Profile

佐山サトル（さやま・さとる）／本名・佐山聡。1957年11月27日、山口県下関市生まれ。1975年、新日本プロレスに入門。メキシコ、イギリス武者修行を経て、1981年4月、タイガーマスクとして衝撃のデビュー。日本中にタイガーマスクブームを巻き起こす。第一次UWFを経て、総合格闘技団体「修斗」を立ち上げる。1999年、新たな武道「掣圏真陰流」を創始し、精神修養のためのセミナーなどを開催。2005年6月、〝ストロングスタイルの復興〟を掲げ、リアルジャパンプロレスを設立。一方で、日本武道の原点を継承した精神武道「須麻比」を創設し、真の武道を追求している。

vol.18 佐山サトル

「心理学者は強さを作ることはできない。それを作るのが、僕らの仕事」

――佐山女子会という会合をやらせていただいております。

そうですか。佐山女子会……なんでしょうね、それは。

――佐山先生のことが大好きな女子の会です。

そんな人いるんですか。そうですか、ありがたいですね。これからも永遠に続くようにやってください。よろしくお願いします。

――わたしは会長として、佐山先生の歴史や思想を発信していきたいと考えているんです。

なるほど、なるほど。これはプロレスの連載ですよね？　ただ、僕の本心というのは別のところにあるんですね。だれも僕の本心を知らないんですよ。今日のテーマに合っているかわからないんですけど、僕は一部のプロレスに呆れている。もっと言えば、一部の格闘技にも呆れているわけですね。僕が継承しているストロングスタイルというものがあって、それを推し進めることだけが僕の本心だと思っている人がいるんですけど、そうではありません。

30年前、修斗を作りましたけども、天覧試合をやりたいとか、相撲のようなものを作りたいとか、精神的なものと共にあるものを作りたかったんですね。それでタイガーマスクを辞めて格闘技の世界に入ったわけですが、若気の至りって言うんですかね。哲学も科学もなにも知らなかったものですから、実現できなかったんです。でも、いまならできるんですよ。そういうことばっかりが、僕の本心なんです。科学的なものとか、本当の強さとはなにか、とかね。いま、その最終段階にいるわけです。

――新たなる格闘技を作ろうとしているのでしょうか。

格闘技ではないですね。格闘技の精神的なものですね。仏教であったり、儒教であったり、儒教のなかにある朱子学であったり、陽明学であったり。グローバル主義のなかに流れているものも取り入れなくてはならないし、神道的な普遍的無意識もそうですよね。歴史も大切ですし、精神学も大切ですし、それらを全部まとめなきゃいけないわけです。なにがしたいかと言うと、洞《ほこら》とか、洞穴に籠《こも》りたいんですよ。集中したいんですね。いまやっていることはすべて人に任せて、核心の部分を求めたいんです。

――核心の部分とは？

例えば、昔の侍は深夜に刀を振って、2時頃になると変遷意識が現われて感覚が鋭くなっていく、というのがあるんですけども。そういうことをしなくても、感覚が鋭くなるというのを僕は把握しているわけです。なんかヘンなことを言っているみたいですけども、そこを突き詰めいきたい。これがいまの心境なんです。真の武道を作りたいということですね。

「だったら本物の格闘技を自分で作っちゃえばいいんじゃないか」

——いまの心境に至るまでの、佐山先生の歴史をお伺いしてもよいでしょうか。

もちろんです。

——18歳のとき新日本プロレスに入団して、憧れのプロレスラーになったにも関わらず、新格闘技を作ろうとされました。その理由はなんですか。

新日本プロレスでは、プロレスの練習は一切、やらないんですよ。でも、「ガチンコ」というトレーニング方法があって、セメントとも言いますけども、何人かだけが集まって、関節技の練習をするんです。僕は関節技に夢中になりましてね。「俺たちは世界一強い」と思っていました。藤原喜明なんかと、「俺たちって、世界でも5本の指に入るよな」みたいな話をしていましたよ。そのくらい、自信を持っていたんですね。

——関節技のどんなところが面白かったんでしょうか。

科学的なところでしょうね。例えば腕を極めるにしても、ひとつひとつの技を科学的に考えていく。それがスパーリングで培われていくんですね。

――プロレスの裏側を知って失望されたんですよね？　それでもプロレスを辞めなかったのはなぜですか。

やっぱり、故郷から出てきた以上ね、簡単には帰れませんから。だったら本物の格闘技を自分で作っちゃえばいいんじゃないかと思ったんです。本物の格闘技とは、打・投・極。つまり、「打撃にはじまり、組み、投げ、そして最後に関節技で極める」ということを、色紙に書いて自分の部屋に貼りました。それがいまで言う、総合格闘技になったわけですね。

――新格闘技を作るのではなく、既存の格闘技の選手になろうとは思いませんでしたか。

思いましたよ。まずは、猪木さんのところに行きました。シューティング・グローブを持っていって、「これを使ってください。新日本プロレスでそういう格闘技をやりませんか？」と。それはいい考えだ、ということになって、「お前を第一号の選手にする」と言われたんです。でも先輩もいるので、内緒にしていたんですね。僕だけ特別扱いになってしまうから。僕だけが選手になるんだと思って練習していました。

それが突然、メキシコへ行けと言われて、その後イギリスに行きましたけども、そのときはまだ「日本に帰ったら格闘技をやるんだな」と思っていました。23歳のとき、タイガーマスクとして帰ってきたわけですが、そのときも「いずれ格闘技をやるんだな」と思っていました。でも爆発的な人気が出てきて、猪木さんもその話はまったくしなくなるし、社会的風潮としても、これはもう無理なんだろうなと思ったんです。

――ならば、自分で新しい格闘技を作ってしまおうと？

そのとおりです。ただ、わかってもらいたいのは、当時、対戦相手がいなかったんです。ブラジルの格闘技なんかは知っていましたけど、どういう選手がいるかまったくわかりません。だったら自分が作ってやろうということで、当時26歳くらいですか。僕が50歳になったときに、それが実現すればいいなと思って選手を育てました。30年先を見ていたんですね。

――その後、団体内のトラブルもあり、新日本プロレスを退団されます。人気絶頂にあったタイガーマスクをあっさり捨てる形になりましたが、未練はありませんでしたか。

当時の心境としては、タイガーマスクより格闘技のほうが大切でした。僕にとっては、メキシコにいてもイギリスにいても、18歳のときから示していたもののほうが大切だったんです。退団したときは、大海に出るような気持ちでしたね。クロレッツのコマーシャルで、金魚が水槽の中からぴょんと出て、大海に跳ねて行くのがありますよね。ああいう心境です。これでようやく格闘技ができるんだ、と。

「僕にとってはどうでもいいことです」

――選手を育てるためにタイガージムを経営しながらも、ＵＷＦに入団されたのはなぜですか。

逆十字で1本極まるというのも、お客さんはわからない時代なんですよ。アキレス腱固めで極まるというのも、わからない。それをみんなに宣伝していくためにあったのが、UWFですね。僕にとって。浦田昇さんという社長と、「UWFをやりながら新しいスポーツを作っていきましょう」という話をしていました。

――徐々にお客さんの目を、格闘技に慣らそうと試みた。

まったくそのとおりです。各格闘技の技術に、チキンウィング・アームロックとか、チキンウィング・フェイスロックとか、ピローアームロックとか、V1アームロックとか、そういう名前を付けていったんですね。お客さんに「これで極まるんだよ」というのをわかってもらいたかったんです。

修斗をやっていていちばんショックだったのは、全部1本勝ちして1Rで決まったことがあるんですよ。僕は「今日はすごかったな」と言ったんですけど、帰って行くお客さんに「なんだ、早く終わってつまらねーな」と言われたんですね。そういう時代なんです。だから一刻も早く作り上げなければいけなかった。

――UWFのルールを作ったのは、佐山先生ですよね？

修斗のためのルールを作ったんです。それをプロレスに見せるために変えたのが、UWFのルールです。

――のちに新生UWFで、前田日明さんはそのルールをそのまま採用しました。

修斗のルールとは別物なので、それを使おうとなにしようと、関係ないですね。修斗の選手たちは複雑な心境だったようですが。僕としては、あちらがスターダムにのし上がれば修斗も上がっていけるので、むしろよいことじゃないかと思いました。ビデオが残っているんだから、いずれわかることだとは思っていましたけど。

――佐山先生が作ったルールを使用したことについて、前田さんは「佐山さんの許可をもらった」とおっしゃっています。本当ですか？

それは全然覚えていないです。僕にとってはどうでもいいことです。

――前田さんはこれまで〝佐山批判〟とも取れる発言をされていますが。

べつになにを言っても構わないです。ただ、「総合格闘技は自分が作った」というようなことを言われると、僕が認めてしまうとおかしくなるので、それは認めないだけの話ですね。なにを言おうと、ビデオが残っていますから。格闘技の世界はいま、目の肥えた人も出てきているので、見る人が見れば全部わかることだと思います。

――時代が佐山先生についてきたんですね。

僕にとっていちばん大切なのは、核心をつくことです。洞穴に入ることしか興味がないですね。できそうなんですよ、もうすぐ。なにかを得たいんですよね。釈迦が菩提樹の下で悟りを開いたように。

――修斗では理想とするものが実現しなかった？

そうですね。僕のイメージでは、相撲のような紳士的なスポーツだったんです。しかしそれらがすべて無視されて、町人拝金主義的なものになっていったというのが実情ですね。K-1が出てきてから、テレビの視聴率が大切だということになるんですけど、それが僕の理想ではないわけです。もっと精神的なものが加わったものを作りたかった。でもいま思うと、当時の自分には無理でしたね。

「心理学者は弱さを改善することはできるけども、強さを作ることはできない」

――リアルジャパンプロレスでは、〝ストロングスタイルの復興〟を掲げています。「現在の一部のプロレスに呆れている」とおっしゃいましたが、それでもストロングスタイルというものを守っていきたいですか。

そうですね。やるんだったら、僕らの時代を実現させたい。プライドのあるプロレスと言うんでしょうか。格闘技をやっていなければできないプロレスと言うんでしょうか。そういうものを再現させてあげたいですね。やっぱり、僕らはプライドを持っていましたから。「強さで世界で5番目に入る」とか言っているんですからね。そんなことを言うくらいのプライドがあったんです。

この間、とあるテレビ局の人に「タイガーマスクは飛んだり跳ねたりしていた」と言われて、新間(寿＝〝過激な仕掛け人〟と呼ばれた元・新日本プロレス営業本部長)さんが「タイガーマスクは跳ねてんじゃねーよ!」って怒ったんですよ。ストロングスタイルという基本があって、あのようなスペクタクルな試合があるんだと。それくらいみんな、ストロングスタイルというものにプライドがあるんでしょうね。そういうのがあったから、当時の試合ができていたというのが本当のところだと思います。

——ストロングスタイルとは、どういうものでしょうか。

勝負とか、ガチンコの基本を大切にしているスタイルですね。「セメント」というのは、すべてのレスラーに毛嫌いされている言葉です。けど、新日本プロレスの根っこはそこなんですよ。それが新日本プロレスの強さだと思います。そこを引き継いでもらいたいなと思いますね。

——この連載では、「強さとはなにか」を探っています。佐山先生が思う強さとは、なんですか。

反対に、弱さとはなんだと思いますか？

——なんでしょうか……。

ひとつには、不安心です。自律神経には交感神経と副交感神経というものがあって、交感神経が上がると精神のバランスが崩れるわけですね。恋愛問題、お金の問題、仕事の問題で崩れることもありますし。いま、いきなりライオンが現われたらびっくりしますよね。それも全部、崩れる要因なんです。これが弱さであると。

この弱さを強さに変えていくために、交感神経を下げればいいかというと、それはできないんです。副交感神経を上げていかなければいけないんですね。心理学者というのは、神経言語学とか、あるいは催眠とかで副交感神経を上げます。つまり、弱さを治してしまうんですね。それも強さの原点にはなると思います。ただ、心理学者は弱さを改善することはできるけども、強さを作ることはできない。それを作るのが、僕らの仕事だということです。

——大変興味深いです。

脳波には、アルファ波とベータ波などがあります。アルファ波の中に「7・5〜13・5」という数字があって、その上にベータ波の「13・5〜30」という数字があるんですね。いま、あなたが熱心に僕の話を聞いてくれている姿は、ベータ波の中にあるんです。ベータ波の18くらいだと思いますけども。でも本当に集中力を養えるのは、アルファ波の中のミッドアルファ波という「9〜11」の世界。その世界のなかで集中波を出していくと、本当の集中力が現れるわけです。

ベータ波の上のほうの状態になると、ガンマ波というのがあるんですけども、そこまでいくと自律神経を崩してしまいます。フィルターを使って、その状態においても「9〜11」の世界を保つことによって集中力が湧くんですね。そうすると、体だけではなくて、精神的にも強さが現れるわけです。その状態でいかにフィルターを作るかが、いちばん大切だということですね。

——「核心をつく」ということを、18歳のときにも意識していましたか。

していませんでした。当時は格闘技をやりたかっただけです。

——いつ頃から意識しはじめましたか?

修斗を創始し、構築している途中からですね。なぜ練習で強くても、試合になると弱い選手がいるのか。その辺りからはじまりました。オリンピックにしても、練習では強いのに、試合では力を発揮できない選手がいっぱいいますよね。日本人に多いんですけども、なぜそういう文化なのかということも大切ですし、なぜ日本文化が優れているのかというのも研究のひとつです。

――この連載では、最後に次の〝最強レスラー〟を指名してもらっています。ですが、プロレスラーに限らず、佐山先生が本当に強いと思う人を教えていただきたいです。

だれでしょうね。……あ、藤原敏男がいた。キックボクシングの藤原敏男がいちばん強いです。ムエタイのラジャダムナン、ルンピニーのチャンピオンクラスに勝ったというのは、ものすごく強いと思います。黒崎（健時＝〝鬼の黒崎〟と呼ばれ、新格闘術・黒崎道場を主宰）先生に叩き込まれたので、精神面でも強いと思いますよ。すごくいい人間ですし、立派な方だなと思うはずです。

――ありがとうございました。

佐山サトルは、プロレスラーを指名しなかった。わたしがそれでもいい、と言ったからだ。「最強レスラーが最強レスラーを指名する」という自分が決めたルールを、わたしは自ら破ってしまった。それはわたしが本当の意味で、「強さとはなにか？」を知りたいと思った瞬間だった。

佐山サトルは天才だ。ゆえに、だれからも理解されない。人は、他人から理解されないと、どんな気持ちがするのだろう。悲しいのだろうか。誇らしいのだろうか。孤独なのだろうか。佐山サトルはずっと、孤独の中に生きているのだろうか。かつて初代タイガーマスクとして一世を風靡した青年は、60歳を目前にして「洞穴に籠もりたい」と話す。

佐山女子会は、永遠に続けよう――。穏やかな笑顔の中に見え隠れする、〝佐山さん〟の寂しげな瞳を見つめながら、わたしはただ、そう心に決めた。

相変わらず、眠れぬ日々が続いていた。心も不安定だった。薬に頼らなければ、生きていけない。佐山にそう話すと、道場に呼び出された。催眠術をかけるというのだ。催眠術……？　そんなもので治るのなら、とっくに治っている。しかしこれがテキメンに効いた。すべてを包み込むような佐山の声がわたしの中に深く入っていき、心地よかった。その日から、睡眠薬も精神安定剤も飲まなくなった。飲まなくても、心穏やかにぐっすりと眠れる。長年、薬の副作用に悩まされてきたわたしにとって、佐山サトルは神様に見えた。

YouTubeで「佐山サトル」と検索すると、修斗合宿で弟子を罵倒し、殴る蹴る佐山の動画が出てくる。しかし実際の彼は違った。だれよりも紳士で情が深く、人の痛みがわかる人だった。

佐山女子会のメンバーは、決して多くはない。トラック運転手、栄養士、スナックのママ、そしてわたし。会合ではひたすら佐山の動画を鑑賞し、「佐山さんの声は子宮に響くわぁ!」などと薄っぺらいことばかり言っているのだが、わたしたちは皆、心に闇を抱えている。どうにもならない日常のなかで、ただ時間が過ぎるのを待っている。

闇の中、唯一の光を照らしてくれるのが、佐山サトルという神様なのだ。

vol. 14

藤原敏男

TOSHIO FUJIWARA

リングに上がった以上、勝たなければ意味がない

「機動隊が50人、襲いかかってきたらしいです。それをすべてかわしたら、今度は柔道の猛者たちがやってきた。捕まった藤原先生の身元引受人になったのが、黒崎先生だったとか」

藤原敏男の強さを教えてほしいと言うと、弟子の小林聡（〝野良犬〟の異名を持ち、数々の王座を戴冠した元キックボクサー）はそう言って笑った。本人は「若いときは喧嘩もした」と控えめに言うが、おそらく相当、やんちゃをしたのだろう。武勇伝は数知れない。

伝説のキックボクサー。外国人ではじめてムエタイの頂点・ラジャダムナン王者になった。タイに行くといまでもレッドカーペットが敷かれ、藤原を見つけるとヒクソン・グレイシーが走ってくるという。ヨーロッパのキックボクシングの拠点になったオランダ目白ジムには、道場の壁一面に藤原の写真が飾られている。

「先生に教わったことは、パンチでもキックでもなく、人間そのものを強くするということです」――試合に負けると、容赦なく罵倒してくる。それから1か月間は目を合わせてくれない。プライドをズタズタにされた。見返してやる……。そうして小林はＷＫＡムエタイ世界ライト級王者になった。

佐山サトルは、藤原敏男は立派な人だと言った。しかし酒を飲むとめちゃくちゃ。そう聞いて、居酒屋でインタビューを行うことにした。濃いハイボールを3杯同時に頼み、8時間ぶっ通しで飲んでケロっとしている。小林から藤原の武勇伝を聞きながら、酒が強い男はカッコいいなと思った。

（2017年11月）

Profile

藤原敏男（ふじわら・としお）／1948年３月３日、岩手県宮古市田老鉱山生まれ。高校卒業後、上京し、中央工学校・夜間部で設計の勉強をはじめる。1969年7月、目白ジムに入門。〝鬼の黒崎〟こと黒崎健時の指導を受ける。同年10月1日、キックボクシングデビュー。全日本ライト級王者を経て、1978年3月8日、外国人としてはじめてムエタイの頂点・ラジャダムナン王者となる。〝キックの荒鷲〟と呼ばれるほど激しい攻撃力を持ち、キックボクシングの一時代を築いた。1983年、現役を引退。その後、藤原スポーツジムにて後進の育成や、ジャパン・マーシャルアーツ・ディレクターズ（JMD）の理事長を務める。無類の酒好き。

vol.14

藤原敏男

「リングに上がった以上、勝たなければ意味がない」

――佐山先生との出会いはいつ頃ですか。

佐山先生が新日本プロレスに入って、数か月くらい経った頃かな。自分が思っている格闘技とはニュアンスの違いがあったから、もっともっと自分を強くしてくれる道場はないか探して目白ジムを見つけたそうだよ。日本でいちばん、過激な教え方で有名なところだから。黒崎健時っていう先生がスパルタ教育で有名でね。そこに来たのが出会い。

最初の頃は、プロレスラーって名乗らなかったんだよ。しばらく経ってから、「実はいま、猪木さんのところでプロレスラーをやってます」って言って。17、18歳かな。あとからわかったことだけど、彼は高校の頃、アマレスをやってたそうで、打撃がまだ身についていなかったから、補おうとしたんだろうね。パンチも教えたけど、どちらかと言うと、ローキック、ミドルキック、ハイキックを教えたよ。

――最初から筋はよかった?

覚えは早いよ、やっぱり。抜群の運動神経を持った天才だから。とくにミドルキック、ハイキックなんか、華麗なんだよ。昔のボクサーはそんなに華麗じゃなかったんだけど、佐山先生の蹴りは軸足から腰にかけて、鞭のような捻りを持っている。体重もあるしね。うちに来たときは80キロくらいで、いまみたいに太ってなかったけど（笑）。

――佐山先生の華麗な蹴りは、目白ジムで培われたんですね。

人目につかないところで努力するタイプだね。「足を内側に返して、腰が入って、膝が入って、足首をこうやって、鞭のように」って教えると、反復練習するんだ。どんな人間でも、反復練習すればするほど華麗なものになる。それを陰でやるのが彼だから。

――佐山先生はどんな方ですか？

言えないよ。イメージを壊しちゃうから（笑）。もう45年来の付き合いだから、いろいろ知ってるよ。タイガージムに毎週教えに行ってたんだけど、俺の教えが厳しいから「弟子が減っていく」ってぼやいてた。でも俺はいじめてたんじゃなくて、強さを教えてたの。技は教えないよ。長年苦労して作った技を、簡単には教えない。技っていうのはね、盗んで覚えるものなの。ポイントは教えるけど、1から10までは教えない。

「中国に行ったら、ヒクソン・グレイシーが走ってきた」

――藤原先生はすごい方だと、佐山先生がおっしゃっていました。当時、タイでは外国人が試合をすることすら難しかったんですよね？

いまは簡単にできるけど、俺らの時代はまずノーランカーと闘う。ノーランカーでも化け物みたいに強い選手がいたよ。苦しい練習に耐えながら、ノーランカーと現役ランカーがどんどんぶつかっていって、勝ったり負けたり。7、8年かけてはじめてランク9位に入ったときは嬉しかったね。5位以内に入らないとチャンピオンに挑戦できないの。その頃、国技のムエタイを倒すのは狭き門だったんだよ。

――いまでもタイに行くと、レッドカーペットが敷かれるそうですね。

ラジャでもルンピニーでも、俺は生涯、入場無料だってタイのプロモーターが言ってるよ。テレビ中継があると、引っ張られてテレビに出されちゃう。

――先生のお弟子さんは、世界中にたくさんいるとか。

俺が現役の頃に教えてたヤン・プラスっていう男が、オランダのアムステルダムに目白ジムを作ったんだよ。そこが拠点になって、ヨーロッパのキックボクシングがはじまった。そこから分かれた選手がＫ‐１にいってね。だからピーター・アーツとか、ほとんど弟子の弟子。バダ・ハリ（初代Ｋ‐

1ヘビー級王者）が引退試合をするとき、ぜひ来てくれって言うから行ったんだけど、俺を見つけたら走ってきてさ。ロブ・カーマン（80～90年代に活躍した名キックボクサー）も直弟子だから、ダッシュで挨拶に来た。中国に行ったら、ヒクソン・グレイシーが走ってきたよ。すごいでしょ？（笑）

――すご過ぎです！　現役時代、1日10時間練習したというのは本当ですか？

本当ですよ。サラリーマンは8時間、もしくは残業して、9、10時間働くでしょ。プロはお客さんからお金をもらって、一流の技、試合の醍醐味を見せるんだから、サラリーマン以上にやるのがプロ。それがプロの徹底したやり方だっていうのを、黒崎先生から教わったから。

――どういうメニューだったんですか？

まず、基礎体力を何時間もやる。バーベルやったり、ダンベルやったり。そして次は、うまくなるための稽古をする。試合の流れや、どういう間合いで、どういう風に技を出していくか。それが終わったら、今度は強くなるための稽古。逆境に強い精神と肉体、折れない心を作る。そして夜は稽古したものを、スパーリングでどんどん出して自分のものにしていく。

――なにをモチベーションに、そんなに練習ができたのでしょうか。

黒崎先生と出会ってから、最初は全日本キックの初代チャンピオンになりたかった。チャンピオンになった瞬間、今度はムエタイのベルトを獲りたくなった。そういう夢があったからね。この先生の言葉を一言一句、飲み込んで言う通りにやっていれば、絶対、世界一強くなれると思ったんだよ。

デビュー戦は2RKO勝ちだったんだけど、2戦目はタイ人をぶつけられて、14、15回ダウンを取られた。3戦目もタイ人で、15、16回ダウンを取られた。これじゃバカになるから、打たせない方法、相手からダメージをもらわない方法で闘うことを考えたの。俺は打たれ強いほうじゃないから。これが変則フットワークのはじまり。

――黒崎先生は、どんな指導をされていましたか。

プロのスポーツ選手にとって、基本はなんだと思います？　どのジャンルでも同じだと思うけど、走ることなんだよ。例えば風速35メートルの台風が来たときに、立ってられないでしょ。そんなときでも、「今日は台風だから走らなくてもいいですよね？」なんて言ったら、「バカヤロー！　プロはな、走ることが基本なんだよ！　首ちょん切ってやるから、待ってろ！」って怒られた。

普通の先生の練習は、2、3時間。多くても4、5時間。けど黒崎先生に「はじめ」って言われたら、「終わり」って言うまでやめられない。先生が練習の間に飲みに行ったら、朝までやってなきゃいけないんだよ。帰ってきたときにやめてたら、ぶっ飛ばされるからね。

1年365日で、休んでいいのは2日か3日なんですよ。試合が終わって、翌日、足を怪我して動けなくても、「座って練習できるだろ」って言うからさ。座って鏡を見ながら、8時間も10時間もやるわけ。今度はお尻が痛くなって、ケツ剥けてさ。皮がべろーっと、お猿のケツみたいに真っ赤になるんだよ。パンツを履くのも痛い。それくらいうるさい。「鬼の黒崎」っていうあだ名だったから。

——キックボクシングをはじめたきっかけは？

遊びで目白ジムに入ったの。高校までテニスをやってたから、ちょっと汗を流しに行こうかなと思って。それが大きな誤りだったんだけど（笑）。

——子どもの頃から、空手などをやっていたのかと思いました。

いまの子どもは、3、4歳から空手とかいろんなことをやってるけど、当時はキックなんてないからね。俺はなにもやってないよ。岩手の田舎で、テニスと、石川啄木の歌と、宮沢賢治の詩を眺めて生きてきた。夏になると海で魚とかアワビを釣って、秋になると山へ行って山菜採り。10月からは鉄砲の弾作り。冬は猟がはじまる。それで生活してたの。反射神経とか動体視力は、子どもの頃から自然を相手にしてきたのが生きてるのかもね。

——鉄砲の弾作り？

マタギだね。キジがばたばたと飛んでるから、狩りをするんだよ。小学校2年生のときから銃を撃ってたよ。免許はないけど。

——時効ですかね（笑）。どんな子どもでした？

大人しい子どもだったよ。喧嘩もあんまりしたことない。弱虫の意気地なしだったから。俺がキックをはじめて、同級生はみんな、「なんであの大人しい藤原君が、格闘技なんかやってるんだ？」って驚いたよ。子どもの頃は、強さへの憧れなんてなにもない。20歳でキックジムに入ってから、この先生と一緒にいれば少しは強くなれるかなと思ったの。

——20歳でデビューして、31歳でラジャダムナン王者になられました。

キックをはじめた以上は、国技ムエタイのトップになりたかった。それが自分の最終目標だったから、ノンタイトル戦でもタイの王者に勝ったら辞めようと思ったことが何回もあったよ。チャンピオンになったら今度はアメリカのマーシャルアーツのトップ選手が来て、「最後に闘うのはお前だろ」って、辞めさせてもらえなかった。34歳のときに1000万円トーナメントがあって、準決勝で勝ったんだけど、俺はそこで辞めたの。

——1000万円もらえたかもしれないのに？

金じゃなくて、体力の限界を感じたし、お客さんに格闘技の真髄を見せることもできなくなってきたから。カッコいいんですよ。

——1983年に引退して、1997年に「藤原スポーツジム」を設立されるまでの間はなにをされていたんですか。

プロゴルファーになろうと思ったの。ゴルフ場の支配人をやっててね。キックみたいな痛いもんはやりたくないから（笑）。茨城と栃木の2か所で、総支配人を10年間やったよ。

——そんなにゴルフがお好きなんですね。

明後日もゴルフだから、明日は朝から練習なんだよ。「スコアなんて関係なく、楽しくやろうよ」って言われるけど、スコアで負けると頭にくるから。格闘技でも、試合が決まれば闘いのはじまりだからね。佐山先生もいま、プロゴルファーについてもらって練習してるよ。お互い、徹底的にのめり込むタイプだから。

「相手のコンピューターを壊すことだね」

――最近立ち上げられた「マーシャルアーツオンラインクラス」は、どういったものでしょうか。

一流の格闘家による〝俺流〟のテクニックを、インターネットで学べるクラスですよ。動画サイトを見ても、細かい技はわからないじゃない？　このクラスはスローモーション動画もあるから、細かいところまで学べる。足や手の角度がどうとか。グレイシー柔術がアメリカでやってるらしいんだよ。自分たちの技術を世界中の人に広めてるんだよね。

――どんな人に向けたクラスですか。

アマチュアの同好会なんかをやってる人たちは参考になるんじゃないかな。とくに地方に住んでる人はいいと思う。東京じゃないと、なかなか一流のテクニックを学べないから。あとはキックをはじめたばかりの人にも観てもらいたい。ワンツーとかジャブとか、基礎的な動画もたくさんあるんだよ。

――選手が引退後、収入を得るためでもあるとか。

いまは、他に仕事を持ちながらキックをやってる人が大半だからね。K‐1とかはわからないけど。そういった選手たちのサイドビジネスになるといいなと思う。

――〝俺流〟というのは大事でしょうか。

人によって体型も考え方も違うし、自分のスタイルは絶対持ちたいと思うしね。個性のあるファイトをするには、オリジナリティが必要になってくる。ローキックで倒れるという場合でも、自分はパンチでいきたい場合もあるし。「そういうやり方もあるのか」ってピンと来ると思うんだ。例えば、下がるのも戦略のひとつだとか。格闘技は前に出ることも大切だけど、下がることも戦略なんですよ。

――キックボクシングにおいて、いちばん大切なことはなんですか。

相手のコンピューターを壊すことだね。リングに上がった瞬間に、まず相手を狂わせる。いくと見せかけていかない、いかないと見せかけていく。そうすると相手は迷うから、自分のペースで楽に試合ができる。それが俺のやり方なの。

あとはイメージトレーニング。朝昼晩、練習して、夜、布団に入るとき、頭の中で自分が最高にカッコいい勝ち方をするところをイメージする。酒飲んでてもなにしてても、そういうイメージが浮かんでこなきゃダメだと思う。街角で敵が四方八方から来たら、どうやって自分の身を守るかとかね。道場だけが練習の場じゃないから。

――イメージ通りにいくものですか？

考えることが大事なんだよ。「そんなこと、まさかできないでしょ」って思われるようなことでも、やる前から諦めるのはダメ。やってみなきゃわからない。イメージしたものに対して、少しでも近づけるような努力をすること。正面から蹴ったり殴ったりするのは、だれでもできる。変則的な動きができるっていうのは、イメージトレーニングをしてるからなんだよ。

「みんなね、自分ひとりで強くなって生きてるわけじゃないから」

——十数年前ですが、全日本キックのコミッショナーだった石原慎太郎さんが雑誌のインタビューで、「元々キックはショーの要素があった。全日本キックはそれを排除した」と話しています。

格闘技をやってる人からすれば、ボクシングでもなんでも、八百長だとかなんだとか言う人がいますよね。けど、そんなことはない。キックを八百長だなんて言ってる奴がいたら、ふざけんなって怒るよ。みんなが遊んでる間に、飲まず食わずで朝から晩まで真剣に練習やってる連中がほとんどなんだから。人間の命に関わることなんだよ。レスラーも相撲取りも、みんな早死にするじゃない？　いつ死ぬかわからない。頭にくるけど、言いたい奴には言わせておけばいい。

——勝敗だけじゃなく、お客さんを楽しませる、〝魅せる〟ということは意識しますか？

いちいち、そんなことは考えてないよ。考えてないけど、無心で闘って、やられたらやり返す。その必死の闘いが、お客さんに感動を与えるわけ。「危ない、危ない！　頑張れ！」って、応援の声が聞こえる。そうすると、また燃えてくる。魅せるとかそういうもんじゃなくて、必死に闘っている姿が、お客さんの心を打つから感動を与えるんだよ。そうじゃなかったら意味がない。だったら、アマチュアでやればいい。プロっていうのは、お客さんからお金を取ってるんだから。

——勝敗と強さはイコールでしょうか。

イコールだと思うよ。リングに上がった以上、勝たなければ意味がない。ドローになったら負け。判定でもなんでも、勝たなければ。いい試合かどうかよりも、とにかく勝つこと。

——プロレスはときに、勝つことよりもいい試合かどうかが重視されます。

けど、勝ち負けにこだわらない人はいないと思うよ。勝ったほうが強いんだよ。

——この連載では「強さとはなにか」を探っているのですが、藤原先生にとって強さとはなんですか。

俺は強さに憧れた。でも強さを覚えていくにつれて、乱暴さが消えていく。そして愛に変わってくる。だから、男の真の強さとは、愛である。これが69歳になって、格闘技人生を生きてきた男の最後の言葉。昔は佐山先生と一緒に暴れもしたけど、暴言、暴力は絶対にダメ。自分の気持ちを愛で包んで、優しい言葉で相手に伝えていかないと。みんなね、自分ひとりで強くなって生きてるわけじゃないから。

——最後に、藤原先生が最強だと思う人を指名していただけますか。

藤原喜明。カール・ゴッチさんのところで下積みして、関節技は組長がトップだよね。女殺しでも最強（笑）。酒飲んで暴れるところも。昔から、会うと喧嘩ばっかりしてるの。でも俺がやってる「藤原祭り」っていう興行にタイガーマスクとレギュラーで出てくれてて、俺と組長はリングの上で一升瓶持って暴れる。大会の中盤でやるから、あとの試合で選手たちから酒臭いって言われてしかたないんだよ（笑）。格闘技でいちばん強いのは、プロレスラーなんじゃないかと思うよ。

――なぜですか？

レスラーは肉体を痛めつけるじゃないですか。そういった意味で、打たれ強いというのかな。デカいし、パワーもあるし。とてつもない技を使うしね。飛んだり跳ねたり、空中殺法なんて立ち技の我々には到底できない。さらに、お客さんを楽しませるでしょ？　ありとあらゆる面で、レスラーがいちばん強いと思う。藤原組長と飲んでて首をグッと絞められたことがあるけど、太刀打ちできなかった。敵わないなと思ったよ。

――ありがとうございました。

勝ったほうが強い――その言葉を、わたしはずっと求めていた気がする。はじめて書いたプロレスの記事で、「最強より最高」というフレーズが佐藤光留の怒りを買った。それからというもの、プロレスにおいて強さとはどういう意味を持つのか、寝ても覚めてもそればかり考えてきた。勝敗なんて関係ないんじゃないか？　いい試合をすれば、それでいいのではないか？　しかし、応援している選手が負けると悔しい。その日の晩は眠れないほど、悔しい。今回、藤原敏男の勝負論を聞いたことで、わたしのなかでひとつの答えが見つかった気がした。勝ったほうが強い。格闘技の試合に限ったことではない気がした。

インタビューの1週間後、わたしは再び藤原に会いに行った。彼の弟子や仲間が集う飲み会に参加させてもらったのだ。藤原敏男の周りには、人が集まる。伝説のキックボクサーとして尊敬されているからというのもあるだろう。しかし、それだけではない。格闘技的な強さだけではない。もちろん、酒の強さでもない（それもある気がするが）。不思議と人を引き寄せる力がある。魅力的な人だ。

前回、「佐山サトルは孤独」と書いた。天才であるがゆえに、だれからも理解されないと。しかし、間違っていた。藤原は佐山と10日に1回、飲みに行くという。45年来、〝兄弟〟関係にある人と、いまでも10日に1回飲みに行くのだ。佐山サトルには、藤原敏男という最高に素敵な友だちがいる。藤原にもまた、佐山をはじめとする仲間がいる。69歳になっても、多くの人に囲まれて暮らしている。

藤原はわたしに、たくさんのことを教えてくれた。格闘技は八百長なんかじゃないということ。強さとは愛だということ。歳を取っても、孤独ではないということ。そして飲み会で教わった酔拳を、わたしは生涯忘れないだろう。

その後も、藤原敏男との交流は続いている。悩んだときは電話で相談し、落ち込んだときは飲みに行って慰めてもらっている。藤原の古希祝いには、ＧＵＣＣＩの虎柄ネクタイを贈った。はじめて入ったＧＵＣＣＩの店で財布を出したときは手が震えたが、大好きな藤原先生のためならと、背伸びをした。

わたしは藤原敏男に、亡き父の面影を見出しているのだと思う。娘からネクタイのひとつも贈られることなく、孤独に死んでいった父の面影を。

本物は美しい。美しいから、お客さんが来る

vol. 15

藤原喜明

YOSHIAKI FUJIWARA

「藤原敏男先生の紹介じゃなきゃ、こんな取材、受けねーよ」

藤原喜明は開口いちばん、そう言い放った。背筋が凍った。どうしよう。どエラいところへ来てしまった。逃げ出したい気持ちをグッと堪え、取材を進める。子どもの頃の話、プロレスとの出会い、カール・ゴッチとの思い出、飼っていた犬の話、趣味の陶芸の話——。すると分刻みに、藤原の表情が和らいでいった。ああ、なんて素直でわかりやすい人なんだろう。

「ちょっと待ってて」と言って席を外し、しばらくすると大量のスクラップブックを抱えて戻ってきた。トレーニングの記録、新聞の切り抜き、白黒写真の数々。「俺も写真、撮ったんだよ」と、アルバムを広げる。女性のヘアヌードだ。めくると、なぜか藤原も一緒に全裸で写っている。「このネエちゃん、ムスッとしてっからさ。俺も脱いだわけよ。ひとりでスッポンポンじゃ、嫌だろうから。そしたらほら、ニッコリしてるだろ?」。この豪快さと無邪気さを前に、ニッコリしない人間がいるだろうか。

関節技の鬼——。その異名とはまた別の、藤原喜明の素顔はとても温かかった。

（2017年11月）

Profile

藤原喜明(ふじわら・よしあき)／1949年４月27日、岩手県和賀郡(現・北上市)生まれ。黒沢尻工業高校を卒業後、会社勤めをしていたが、23歳で新日本プロレスに入門。入門して僅か10日でデビュー(対藤波辰巳戦)するも、前座生活が続く。31歳のとき、米フロリダのカール・ゴッチ道場への武者修行が実現。関節技の技術を磨き、帰国後は新日本道場で前田日明ら多くの若手レスラーを鍛え抜く。1984年、長州力襲撃事件をきっかけにブレイク。その後、UWFに参加し、団体解散後、藤原組を旗揚げ。サブミッション・レスリングに傾倒し、その実力者ぶりから〝関節技の鬼〟として知られる。強面だが情が深く、気さくで人がいい。

vol.15

藤原喜明

「本物は美しい。美しいから、お客さんが来る」

――ご出身は、岩手県の農家なんですね。

農家の長男ですよ。親父はとび職だったんだけど、酒乱でね。ぶん殴られてばっかりいた。いつかこの親父を殴ってやろうと思って、相撲ばっかり取ってたよ。無口だったけど、喧嘩はふっかけられればしたかな。小学校6年くらいのとき、中学生が5、6人でやってきて、「お前、生意気だ」って学校の近くの墓に引っ張られてさ。先生が真っ青になって「やめろー！」って止めにきたりしてな。でも、怖いと思ったことはなかったよ。根拠のない自信というかね。

――中学は相撲ではなく、剣道部へ。

柔道部に入ろうと思ってたんだよ。道場に〝道〟って書いてあったから、ここだと思って入ったら、柔道じゃなくて剣道だった。まあ、同じ〝道〟だからいいか、どうでもいいやって。アホだよなあ、昔から。中学校1年のときに、体が大きいから狙われてたのかね。上級生に屋上に引っ張り出されてさ。果たし合いみたいな。投げられて、肩固めされて、逃げようと思っても逃げられなかった。痛くて動けないんだけど、「いまのはいったい、なんなんだ!?」と思ったんだよ。

——それが関節技との出会いですか?

そうそう。工業高校の機械科だったから、応用力学が好きでね。応用力学と機械工作と体育は5だったんだよ。関節技は力学だからね。力学というのは、つまりテコだ。これは面白いぞと。

——力学が好きだったから、関節技を好きになった?

いや、そうじゃないんだ。子どもの頃、俺らのルールで「参った相撲」っていうのがあったんだよ。講堂の板の間で組んずほぐれつ、どちらかが参ったって言うまでやる。同級生でふたり大きい奴がいたんだけど、そのうちのひとりと毎日のようにやってた。いま思うと、寝技だな。そういうのが好きだったんだろうね。

——プロレスラーになりたいと思ったのはいつ頃ですか。

小学校5、6年の頃、学校で映画鑑賞会があったんだよ。フィルムとフィルムを取り替える時間なのかな、10分くらいニュース映画っていうのが流れて。そこで力道山先生が映ったんだ。衝撃だったよ。「なんなんだ、これは!?こんなものが世の中にはあるのか!」って。これしかない、みたいなね。それがはじまりだと思うよ。

——高校を卒業して、上京したのはなぜ?

百姓になりたくなかったんだよ。長男だから普通は農業をやらなきゃいけないんだけど、親父には毎日ぶん殴られてたしな。親父もお袋も、一日中、一生懸命働いてても貧乏だったしね。「オラ、東京さ行くだ」ってやつだよ。でもストレートに東京に出る自信はなかったから、埼玉に就職したんだ。川越の小松インターナショナルっていう会社。従業員が１０００人くらいいた。まあまあ、大きいよね。

そこで、ウエイトトレーニング部を設立したんだよ。47人だったかな。お金を集めてさ。すごいだろ？　18歳だよ？　吃音なのにさ。総務部に行って部長と話してさ、ベンチとか腹筋台とか買ったんだけど、当時の通信販売って注文してから配達まで2か月くらいかかるの。みんなから、「金どうした！」、「騙された！」とか言われてさ（笑）。大変だったんだよ。

――20歳のとき、会社を辞めてコックさんになった。

みんなチンタラチンタラ働いててね。残業したりさ。んなこた、やってられねーやと思って辞めたんだよ。とは言え、飯食わなきゃいけない。タダで食える方法はないだろうか？　コックだ！　っていう。バカだろ？　けど、コックになったら、営業時間が8、9時間でしょ。それに掃除だとか仕込みだとか入れたら、勤務時間が13、14時間なんだよ。それで辞めて、今度は魚を覚えようと、横浜の中央卸売市場に辿り着いた。そのときに市場から近いスカイジムっていう、ボディビルのジムに入ったんだよ。

――プロレスラーになるためですか？

そうそう。トレーニングしてたら、元プロレスラーでジムの会長の金子武雄さんに「プロレスやんねーか」って言われてさ。一週間、時間もらって、お願いしますっていうことでプロレスラーを目指すことになったわけだ。半年くらい経って、「新日本プロレスと、全日本プロレスと、国際プロレス。どこに行くんだ?」って聞かれたんだけど、俺は新日本プロレスを選んだんだよ。新日本だったらチャンスがあるかもしれないと思って。けど、「国際プロレスもいいぞ」って言われてさ。きっと国際プロレスに入れたかったんだろうな。社長の吉原(功)さんと仲がよかったから。

「本物は認められるっていう自信があった」

——新日本プロレスにチャンスがあると思ったのは、新しい団体だったから?

そうだね。それに、小さい奴ばっかりだったんだよ。俺が新日本に入ったときは、猪木さんの次にデカかったんだ。猪木さんが189センチで、俺が185センチあったから。1972年11月2日に、金子さんに連れられて六本木の事務所に行ったら、猪木さんがいてね。当時、猪木さん29歳だったんだね。そりゃもう、カッコよかったよ。

——入門してから10日でデビューされました。すごい才能ですね。

いやいや、才能というか、金子先生のところで寝技ばっかりやってたから。それに人数が少なかったしね。第3試合で、相手は藤波辰巳(現・辰爾)。その試合を豊登(道春=日本プロレスで怪力を武器に活躍したレスラー）さんが観てて、「お前、はじめてじゃないだろ？　国際プロレスかどこかにいただろ？」って聞かれて、「はじめてです」って言ったら信じてもらえなかった。

――華々しくデビューしたにも関わらず、その後は前座の時代が続きます。

付き人を10年以上やったからね。山本小鉄さんの付き人を2年くらいやって、25歳くらいから猪木さんの付き人を10年くらい。俺は几帳面だから、付き人に向いてたんだよ。鞄はキチッとしてるし、洗濯もキチッとやるし、気が利くしな。猪木さんは、カバン持ちの俺が言うのもなんだけど、手のかからない人だった。偉いなと思ったのは、パンツだけは自分で洗うんだよね。

――35歳まで前座をやって、その一方で道場では関節技に夢中になった。リングの上と、練習とのギャップで悩んだことは？

んなもん、悩まないよ。好きなことやって、飯が食えて、酒が飲める。それだけで幸せだったよ。百姓だから、田舎にいたら朝から晩まで働くでしょ。だけどプロレスやってれば、酒が飲めて美味いもん食べられてさ。最高じゃん。

――もっと認められたいとは思わなかった？

本物は認められるっていう自信があったからね。

――どうしてそこまで関節技のスパーリングにのめり込んだのでしょうか。

好きだからだよ。道場で強ければ、デカい面できるしな。プロレスラーって、先輩と後輩がキチッと決まってるわけだよ。だけど強ければ、先輩に「オイ!」なんて言われても、「なんだこの野郎!」って言い返せる。それだけの話だよ。

——道場破りをバンバン倒していたとか。道場破りは実際、多かったんですか。

そりゃそうだよ。猪木さんが「プロレスは世界一の格闘技だ」って言ったら、そうはいかくかっていう奴が必ずいるわな。空手家が多かったな。

——空手のキックに対しても、関節技でやっつけた?

そうそう。でも勝ったと言っても、俺らのルールでだからね。ぶっ倒して、参ったって言わせればいいわけで。ぶっ倒して、参った、ギャーと言わせる。言わなきゃ、バキバキっとやる。ヤルかヤラれるかの世界だよ。ヤルったって、女とヤルんじゃないよ。

「結局、理屈なんだよ。力学なんだよね」

——(笑)。フロリダに住むカール・ゴッチさんのもとへ修行に行ったのは、どういった経緯ですか。

猪木さんに「よくやってくれてるから、ご褒美をやる。なにがいい?」って聞かれて、迷わず「ゴッチさんのところに行きたいです」って答えたんだよ。ゴッチさんはそれまでにも新日本プロレスに来てたんだけど、もっと関節技を勉強したかったから。

――フロリダでの1日のスケジュールは？

ゴッチさんが朝10時に車で迎えに来てくれる。いつも愛犬のピットブルを連れて来て、必ず「入れてもいいか？」って聞くんだ。毎日聞くんだよ？　だからいいって言ってんだろ！　みたいなさ（笑）。紳士なんだよね。家でコーヒーを一杯飲んで、車で15分か20分くらいのところにあるゴッチさんの家に行くんだ。11時頃から14、15時までコンディショニングをやって、終わったら赤ワインと水とオイルサーディン。赤ワインに氷と水を入れて、ガーッと飲む。これが酔うんだよ。汗かいてるから、ストレートで飲んだらぶっ倒れるよ。半分に薄めても、すぐ吸収されるから酔っ払うわけ。

酔ってもすぐに冷めるんだ。冷めたら車で街の柔道場に行ってな。ブリッジだとか、関節技はこうやるんだ、みたいなことを延々とやるんだよ。毎日、10個とか20個とか技を教えてくれるんだけど、家に帰ってくるとひとつも覚えてない。これはダメだってんで、1日ひとつかふたつ、頭の中に入れて、ノートに書いていったんだよね。しばらくしてからゴッチさんに「実はこういうのを書いてるんです」って言ったら、次の日からなんにも教えてくれなくなった（笑）。

――「藤原ノート」と呼ばれるものですね。

そうそう。日本に帰ってから、前田（日明）なんかとスパーリングをやりながら、ノートに書いたことをひとつひとつ復習していってさ。全部復習するのに10年くらいかかった。ひとつふたつわかると、パラパラパラっとわかるんだけどね。不思議なもんで。

――復刻版を読みましたが、あれを読めば関節技をマスターできますか？

はっきり言うと、読んだだけじゃできない。でも、バカがいてよ。「ノートの通りにやったのに極まりません」って、そりゃ、お前が下手だからだよ（笑）。俺の教室に20年以上、来てた奴もいるんだけど、完璧な奴っていないからね。そんな簡単なもんじゃないよ。相当好きで、毎日考えながらコツコツ20年も30年もやらないと。1回や2回、本を見ただけでわかるわけねーじゃん。

――でも、組長の関節技はこうなっているんだな、というのは理解できました。

そうなんだよ。結局、理屈なんだよ。力学なんだよね。俺の教室には総合格闘技の奴らも来るんだけど、早く勝ちたい、みたいなのがあるから、みんな力任せでな。結局は力比べになっちまう。だけど俺らのはテクニックだからね。時間がかかるんだよ。

「虎はなぜ強いのかって、あれは生まれつき強いと思うんだよな（笑）」

――佐山サトルさんもフロリダに行って、組長のアパートに居候したそうですね。佐山さんとの生活はいかがでしたか。

俺がフロリダに行って1か月か2か月くらいしてから、佐山もメキシコから来たんだよね。ゲッソリ痩せてな。あいつ、持ち上げるのうまいんだよ。「藤原さんのカレーライス食いたいな～。藤原さん、料理うまいからな～」とか言われると、「そうか？　じゃあ、作ってやろうか」ってなるじゃん。「今日は肉食いたいな～。藤原さんのステーキ、うまいからな～」とかさ。結局あいつ、一回も作ったことねえよ（笑）。

関節技って、一対一だと教えるのが難しいんだよね。「こうやるんだ」って言ったたって、見えないだろ？　だから、ふたりいたほうがわかりやすいんだよ。俺と佐山でやりながら、ゴッチさんが「ここちょっと違う」とか指導してくれて。けど、佐山とスパーリングしてて、俺が足首を押さえてバキバキっとやっちゃったんだよ。そしたらゴッチさん、「お前ら、ピットブルみたいな奴らだな」って。要するに、喧嘩っ早いというか、無茶苦茶っていうかさ。それからはもう、スパーリングはやらせてくれなかったな。

――ゴッチさんはどんな方でしたか。

朝から晩まで、レスリングとコンディショニングのことしか考えていない人だよ。話もそればっかりだもんな。あれで人生楽しかったのかなあ？　と思うんだけどね。動物園が好きでね。虎はなぜ強いのか、ジーッと見てるらしいよ。背伸びしてあくびなんかすると、「これだ！」って言って、プッシュアップの動きに取り入れたりとかな。虎はなぜ強いのかって、あれは生まれつき強いと思うんだよな（笑）。けど、あくまで「なぜ強いのか？」なんだよ。それに本をよく読んでて、哲学者みたいなことを言うんだ。カッコよかったよ。

――どんなところがカッコよかった？

臼田（勝美＝藤原組に所属していたレスラー）がゴッチさんと銭湯に行ったらしいんだよ。臼田が後ろから付いていってったらよ、ゴッチさんが「なんで後ろを歩くんだい？」って言ったんだって。「先生の前を歩くわけにはいきません」って言ったら、「練習中はお前の先生かもしれないけど、練習が終わったら友だちじゃないか」ってさ。臼田が感動して震えたって言ってた。カッコいいだろ？　なかなか言えないよなあ。いまでもこうして話すと、ジーンとくるんだけどさ。

――組長とゴッチさんの関係、本当に素敵だなと思います。

俺らって、裸と裸で一緒に汗かいたり、くっついたりしてるわけだよ。ある意味セックスしてるようなもんなんだよな。だから離れていても、普通の友だち以上に、昔の愛人だったような、夫婦だったような、繋がりが深いんだよね。長いトレーニングで一緒に苦しんだり、体と体がくっついたり、汗と汗でビショビショになりながらさ。プロレスラーってそういう関係なんだよ。

前田なんかも60近くて、もう立派な社長なんだけど、会った瞬間40年前に戻っちゃうんだよ。ニコニコしてな。あの気難しい前田がだよ？　周りの奴らがみんなピリピリするんだけど。佐山だってそうだよ。佐山先生って呼ばれてるんだろ？　なーにが先生だよ（笑）。まあ、考えてみると立派な先生なんだよな。けど何年かぶりに会っても、毎日会ってるような感覚なんだよね。お互いに認め合ってるしな。ちょっと間抜けだけど、こういうところは天才的だ、頑張ったんだろうなとか、いろいろな。

――この連載では、「強さとはなにか？」を探っています。組長が思う強さとはなんですか。

強さったって、いろいろあるよ。お金の力とかな。政治力だとか、筋力だとか、持久力だとか。勃起力だったりな……これが言いたかっただけだけど(笑)。強さっていっぱいあるんだよ。でも強いっていうのは、ルールに基づいて、勝ったもんが強いんだ。将棋だってそうだろ？　あれは決まりがあるから、勝ち負けが決まる。勝ち負けに関してはそうだけど、強さとはなにかって聞かれてもなあ。ちょっと答えは違うかもしんないけど、努力ばっかりじゃ強くなれないからね。努力で村いちばんにはなれても、日本でいちばんとか、世界でいちばんにはなれない。DNAだよ。努力しましたって言ったって、努力できるDNAかもしれないし。だから強いからって、偉いとは限らないよ。歳取ると、いろんなことがわかってくる。がんをやってから、余計にな。

「人生は楽しく。ちょっとだけ厳しくな」

――58歳のとき、胃がんを患って手術をされましたね。

ステージ3だったからね。「あ、俺、死ぬんだな」って思った。どうせ死ぬんだったら、カッコよく死んでやろうと思ってな。4日目に抜糸してもらって、それから管いっぱい入れたまま点滴担いで、階段を上ったり下りたりしてさ。そしたら看護婦さんが驚くわけよ。ざまあみろ、俺はプロレスラーだ！　ってな。まあ、残念ながら死ななかったけどな（笑）。

抗がん剤治療、大変だったんだよ。2年間、毎日飲んだからね。最初の8か月間は強烈なやつ。フラフラするし、目はかすむし、練習しても筋肉がつかないんだよ。新しい細胞ができないようにする薬だから。がん細胞もできないかもしれないけど、筋肉もつかないんだ。いくらトレーニングしても力がつかない。けど、一回死んだ人間は強いよ。なにもおっかなくないしね。もう心の準備はできてるから。

――プロレス以外にも、絵画、陶芸、俳優業など、多才でらっしゃいます。すべての活動はつながっているのでしょうか。

つながってるとか、そういうことを考えてるわけじゃなくて、楽しいからやるの。それだけの話だよ。人生は一度きりじゃん。好きなこと、全部やったほうがいいよ。いま盆栽の本でも連載してるし、「週プロ」で身の上相談もやってるし（現在は終了）、「プロレス／格闘技DX」（スマホサイト）で小説も書いてるし、忙しくて大変だよ。でも、面白いからやってるだけの話でね。人生は楽しく。ちょっとだけ厳しくな。

――プロレスとは、プロレスラーとは、どういうものでしょうか。

プロレスラーは、強くて当たり前。プラスアルファだよ。いくら「俺は強いんだ」って言ったって、お客さんがつまんないなと思ったら、二度と来てくれないからね。でもね、本物はやっぱり綺麗なんだよ。藤原敏男さんのハイキックだって綺麗だしな。本物は美しい。美しいから、お客さんが来る。

――いまのプロレス界はいかがですか？

俺の口からは言えないよ。まあ、俺らが教わったのとは、ちょっと違うかな。でもプロなんだから、お客が入れば正義なんだよ。

――最後に、次の最強レスラーを指名していただけますか。

前田は？　あいつ、気難しいらしいぞ。ヘンなこと聞くと、すぐにカチンと来るから。

――前田日明さん……！　今度、ＵＷＦの本を出版されるそうですね。

ＵＷＦなあ。いろんな奴がなにも知らねーくせに、偉そうに書きやがって。嘘ばっかりだよ。俺らが糞だって言うんなら、あいつら銀バエだよ。糞に寄って稼ごうとしてる。だから前田が怒っちまってさ。俺がちゃんと書くって言って。次のレスラー、前田しかいないな。

――ありがとうございました。

藤原の自伝『覚悟　人生60年、覚悟が生死をわけた！』（ビジネス社）に、カール・ゴッチが藤原に宛てた手紙の一部が掲載されている。

「貴君はまだ若い。わたしのように年老いてしまうとなにもうまくいかない。エラが亡くなってから、わたしはすべてのことに興味を失い、途方に暮れている。なにもする気が起きず、だれにも会う気になれない。ジャンゴがいてくれることを神に感謝しなければならない。ジャンゴもよくわかっていて、ずっとわたしのそばに寄り添っている。」（１９９５年12月28日）

「犬がいつもそばにいてくれればロンリーではない。わたしは七歳のころからいつも犬を飼ってきた。貴君もピットブルが好きだそうだな。ひょっとしたら、それはわたしの影響なのだろうか。ピットブルほどすばらしい犬はいないからね。フジワラよ、ベスト・コンディションを維持することを忘れるな。」（１９９６年５月19日）

「もう、犬も飼っていない。犬がいない生活は退屈で、気が狂いそうになるが、いまのわたしの腰のぐあいでは犬の世話もできなくなってしまったのだ。わたしの人生にひとつだけ残っているものは、ほんの少しのトレーニング時間だ。毎朝、六時三十分に起床し、一時間だけ運動をする。これができなくなったら、わたしもおしまいだろう。これはお別れの手紙ではないよ。みなさんによろしく。」（２００２年７月22日）

ピットブルは凶暴な闘犬だ。しかし、飼い主への忠誠心が強い。スパーリングをしていた藤原と佐山に、ゴッチは「ピットブルみたいだな」と言ったという。その言葉は、無茶をするなという忠告であると同時に、忠誠心溢れる弟子への愛だったに違いない。

アメリカから帰国後、藤原はピットブルを飼いはじめた。もちろん、ゴッチの影響だ。16歳まで元気に生きた愛犬マックスと、82歳でこの世を去った師のことを、藤原はいまでも懐かしそうに話す。

格闘家の彼とタイ料理を食べに行った。彼は前回とは打って変わって饒舌に、格闘技の魅力を語りはじめた。彼もまたわたしと同じように、下でくすぶっている人間である。しかし、劣等感に押しつぶされそうになっているわたしとは違い、ただただ格闘技が好きでしかたがないと嬉々として話す。そんな彼が、まぶしく見えた。

酔いが回ってきた頃、彼はソワソワしはじめた。そして意を決したように言った。「生命保険に入っています。いまの名義は妹ですが」

生命保険の名義！　いったい、なんのアピールなんだ？

ひさびさに心から笑った。

プロレスは、究極のアスリートスタントマンがやるメロドラマ

vol. 16

前田日明

AKIRA MAEDA

中学2年生の終わり頃、両親が離婚し、父親に引き取られた。父親は家を空けることが多く、わずかばかりの生活費を残しては、ひと月もふた月も帰ってこない。生活は荒んでいった。高校に入るとバイクを乗り回し、気に食わないことがあると手当たり次第、喧嘩をふっかけた。孤独だった。

「プロレスラーになってね、いつも周りに人がいるでしょ。それが嬉しかったんですよ。練習がキツくても、先輩に怒鳴られても、人に構ってもらえるということが嬉しかった」

1984年、新日本プロレスを退団し、UWFの旗揚げに参加した。UWFが解散すると、新生UWFを引っ張っていくことになった。一筋縄ではいかなかった。しかしなんとしてでも、選手たちを食わせていかなければならない。なぜならこいつらが、俺の家族だから——。

前田日明は、幼い頃に失われた家族のぬくもりを、UWFの中に見出していた。

（2017年12月）

Profile

前田日明（まえだ・あきら）／1959年１月24日、大阪府大阪市生まれ。小学校4年生のとき少林寺拳法をはじめ、高校時代は空手とバイクに明け暮れる。1977年、佐山サトルにスカウトされ、新日本プロレスに入団。1982年、海外修行でイギリスに渡り、サミー・リー（佐山）の弟というギミックのもと、「クイック・キック・リー」のリングネームで活躍。1984年、第1次UWFの旗揚げに参加し、団体解散後は第2次UWFの看板選手として団体を引っ張る。1991年、リングスを設立。「ビッグマウス」「HERO'S」のスーパーバイザーを経て、現在はアマチュアの格闘技大会「THE OUTSIDER」を主宰している。気難しいイメージがあるが、人間好きの兄貴肌。

vol.16

前田日明

「プロレスは、究極のアスリートスタントマンがやるメロドラマ」

――藤原組長のご指名です。ＵＷＦの同志である組長は、前田さんにとってどんな存在ですか。

藤原さんてね、うちの死んだ父親に性格がそっくりなんですよ。いいところも悪いところも。気が短くて、いつもカッカしてて、意固地でね。豪快なところがあるかと思ったら、すぐ拗ねる。藤原さんを見ていると、いつも父親のことを思い出すんです。藤原さんからはいろんなことを勉強しましたよ。

――関節技だったり？

関節技を教えてもらったことは一回もないんです。スパーリングを延々とやるなかで、自分が覚えていったっていうだけの話です。教えてくれって言っても、絶対に教えてくれないんですよ。他の奴には教えてるのに。ケチでしょ？（笑）そういうところも、父親に似てるというかね。

――前田さんは小さいとき、どんな子どもでしたか？

自分の見ているものが、そのままの形で存在しているのかどうか、不安でしょうがない、みたいなね。他人の目に映っているものは、俺の認識と違うかもしれないって考えるとね、孤独でしたよ。

――繊細で、感受性が豊かだったんですね。

いまでも思うんですよ。パッと目を開くと、いろんなものが見えるじゃないですか。自分の鼻先がチラッと見えて、窓から外を見ているような。そういう感覚は、他の人もまったく同じなんだろうか。みんなも同じような認識のもとに生きているんだろうか。そういうことはいまでも。

――どんなときに感じますか？

例えば、全然記憶がない試合というのがあるんですよ。断片がパチッパチッと写真のように記憶のなかにあるだけ。でも実際のビデオを観ると、そういうシーンはない。じゃあ、自分はだれと闘ったの？　自分っていうのはいったいだれで、なんなんだろうって。

――小学生のときに少林寺拳法をはじめた理由が「ウルトラマンの仇討ちのため」というのも、感受性が豊かだなと。

あの頃の小学校1、2年生って、みんなそんな感じでしたよ。俺は親友のヒガキくんのことを密かに尊敬しててね。学研の「科学ブック」っていう雑誌が毎月送られてくるんですけど、ヒガキくんはなぜか3号とか先のやつを持ってるんです。それは単純に、ヒガキくんのほうが俺より入ったのが早かっただけの話なんですけど、当時はそういうカラクリがわからないから、ヒガキくんはすごい奴だなと尊敬してたんですよね。

あるときヒガキくんに、「アキラくん、俺には秘密があんねん」って言われて。「なになに！　だれにも言わへんから教えて！」、「じゃあ、指切りげんまんな」って、指切りしたんですよ。そしたら、「俺の頭の中にはな、電子頭脳が入ってんねん」と。「だれに入れてもうたん⁉」って聞いたら、「エイトマンの谷博士に入れてもうたん」と（笑）。そういう子がいっぱいいたんですよ。

――可愛いらしい（笑）。

テレビでウルトラマンとかゴジラを見るたびに、「東京はすごいな。毎週、東京タワーが壊されるんや」と思ってましたね。大きくなったら科学捜査隊に入って、ウルトラマンと友だちになろう、みたいな。あるときウルトラマンが大阪にやってきてね、巨大怪獣ゴモラと闘って、大阪城を壊したんです。「壊れた大阪城を見に行こう！　なんかの破片が落ちてるかもわからん！」って見に行ったら、なんともなかった（笑）。当時はそんな感じですよ。いまの世の中ではメルヘンの世界にしかいないような、可愛い男の子たちですよ。

――それでも、実際に少林寺拳法をはじめたのはすごいです。

銭湯の脱衣所に、入門者募集のポスターが貼ってあったんです。跳び蹴りしててね、「わあ！　ウルトラマンみたいやな！」と思ったんですよ。けど、危ないからって母親に反対されて、道場でも「もうちょっと大きくなったら入れてあげてもいいよ」って言われて。ほんで、父親と母親を説得しながら、小学校4年生のときにはじめたんですよね。

――中学生のときは、船乗りになるのが夢だったとか。

中学校のクラスメートの父親が、航海士だったんです。20万トンくらいのマンモスタンカーでね。甲板を一周したら約1キロだから、お父さんは毎朝ランニングしてるんだとか。太平洋に出たら10階建てのビルくらい高い波が来るんだとか。そういうことをいろいろ言うわけですよ。わあ、いいなあと思ってね。

「仮免にはなにがあるか知ってるか？　路上教習や」

――ご両親が離婚したことで、夢を諦めることになった？

もっと根本的なことで諦めたんですよ。船の専門学校の入学資格を見たら、「日本国籍を有する者」って書いてあったんです。自分にとって韓国って、外国でしかなかったんですけどね。自分の本名さえも知らなかったですから。

――お父さんとのふたり暮らしはいかがでしたか。

父親もいろんなことに空虚感があったんでしょうね。韓国に行きはじめたんですよ。ほったらかしにされて、もう憎らしくてね。玄関で包丁を持って待ってたことがあるんですけど、たまたま帰ってこなくて。帰ってきてたらヤバかったかもしれないですね。

――生活が荒んで、街で喧嘩をすることが増えた。

たまたま入った空手の道場が、無想館拳心道っていう新しい流派だったんですけど。岩崎孝二という人が館長で、他の流派が挑戦しに来るといつも華麗な技で叩きのめしてたんです。そういう実践的な人なんで、「武道は精神修行だから、争いごとはいかん。街で喧嘩に巻き込まれたら、絶対にやっちゃダメだ。でもやったら負けちゃいけないよ」と。練習が終わると、館長に聞こえないようにみんなで喧嘩自慢ばっかりしてました。どこどこでだれだれをシバいたとか。

初段を取ったとき、ある先輩に呼び出されて。「空手の初段は、自動車の免許で言うとなんになるかわかってるか？　仮免や。仮免にはなにがあるか知ってるか？　路上教習や」と（笑）。御堂筋の反対側のほうにホテル街があって、ハゲの親父が若い女の子を連れて入ろうとするんですよ。「あのハゲ、頭に来るやろ？　シバいてこい」って言われてシバきに行ったり、「ヤクザのバッチ取ってこい」って言われてバッチ取ってきたり。バッチ取りはえらい恐ろしくてね。一晩中、追いかけ回されました。

――喧嘩をしたのは、寂しさを紛らわせたかったから？

寂しさとかではないですね。緊張感と、終わったあとの爽快感と、「俺はこいつよりも優れてるんだ」っていう優越感です。

――プロレス界に入ったきっかけは、佐山サトルさんだったんですよね。

そうなんですよ、佐山さんなんですよ。高校を卒業して間もなくですかね。空手の先輩が公園で稽古をしてたら、「その蹴りは空手ですか、キックボクシングですか?」って聞いてきたのが佐山さんだったんです。運動神経がよくて、小説に出てくるような好青年がこの世にいたんだ、みたいな人でしたね。佐山さんが新日本に俺の話をして、入門する流れになりました。

――新日本プロレスに入門して、アントニオ猪木さんとのスパーで喧嘩殺法をしかけたとか。

猪木さんに「なにをやってもいいですか?」って聞いたら、「なにをやってもいい」って言われたんです。それで目潰しと金的蹴りをやったら、周りにいたレスラー4、5人からフルボッコにされました。猪木さんには、「なんで仲間同士でこんなことやるんだ、バカ!」って怒られて。なにをやってもいいって言ったのに(笑)。

「『ヤッていいんだよ』というところだけが大きくなり過ぎた」

――そういったこともあって、デビュー戦の相手はだれもやりたがらなかった?

そうそう。あいつはなにをするかわからないって。しょうがないから、山本小鉄さんが相手になったんですよね。「なんで俺だけこんな怖い人とやらなきゃいけないんだ!」って思いながらね。いま振り返ると、懐かしい思い出ですよ。

――ゴッチさんが来日したときは、お世話をしたんですよね。

ゴッチさんは全身があちこち痛んでたので、それを治しに日本に来たんです。俺も膝を怪我して欠場してたので、それで身の回りのお世話をすることになったんですよ。ゴッチさんの噂はいろいろ聞いていていて、会ってみたいな、教えてもらいたいなと思っていたので、嬉しかったですね。入門してから、体力、筋力をつけるトレーニングは教えられても、技術はだれも教えてくれなかったんですよ。けど、ゴッチさんは丁寧に教えてくれたんです。

――どのように?

肘を極める関節技の話をしたら、バリエーションが50くらいあるんです。だから、うかうかしてると覚えきれない。わあ、すごいな、すごいな、と思っていると、終わったらなにも覚えていない。的を絞らないと、覚えられなかったですね。

――関節技は、前田さんにとってどのようなものでしょうか。

猪木さんも山本さんも、若手の頃にアメリカ修行で行った場所はテネシー州なんですね。テネシー州っていうのは、太平洋戦争での戦死者がいちばん多い州なんです。だからプロレスでも、日本人がヒールとして扱われたりとか、日本人をバカにするような取り決めだったたんですね。正統派として出たとしても、相手のアメリカ人がショーとしてのプロレスをやってくれずに、ガチンコを挑んできたりとかね。

あのふたりは、〝やられた喧嘩は買ってやり返す〟っていう経験をいっぱいしている人たちなので、

「外人にバカにされちゃいけないよ。向こうがルールを破ってきたら、ヤッていいんだよ」っていう教育だったんです。俺の場合、「ヤッていいんだよ」というところだけが大きくなり過ぎましたけど（笑）。

――１９８４年にＵＷＦの旗揚げに参加されました。昨年（２０１６年）出版された『１９８４年のＵＷＦ』が波紋を呼んでいますが、どう思われますか。

あの本は、柳澤健という著者が書いたフィクションなんですよ。自分のフィクションをノンフィクションっぽく見せるために、「昔の資料にはこういうことが書いてあります」、「昔はこうだったはずです」って言うんですけど、実際にはいろんな資料を自分の都合のいいように書き換えている。当時の状況や事実を無視して書いた小説を、ドキュメンタリーと言っているだけです。

――反論本として、『前田日明が語るＵＷＦ全史（上下）』（河出書房新社）を出版されますね。

当時のプロレス雑誌、プロレス新聞、全部持ってるっていう人がいたんですよ。その人もあの本を読んで、おかしいなと思っていろいろ論証してるんですけど。その人にも協力してもらいながら、実際にあの本に書かれていることを並べて、「本当の資料ではこう書いてあるのになんでこう書くの？」っていうのを、資料に基づいた上で作りました。今回の本に関して、反論はできないと思いますよ。

――『１９８４年のＵＷＦ』は佐山史観で書かれていますが、わたしはあの本で描かれている前田さんもすごく好きなんです。ターザン山本さんの言葉で「金と女とクルマにしか興味のない人間」なんて、最高にカッコいい。

カッコよくないでしょ。なに言ってんだ、お前？　っていう感じですよ。けど、ターザン山本だったら言いかねないなと思って、本人に聞いたんです。「なんであんなこと言ったんや？　俺の前でもう一回、言うてみい」って。そしたら、「あれは違うんですよ。柳澤さんに『レスラーのイメージってなんですか？』って聞かれて答えたら、ああやって書かれたんです」って。じゃあ、全然違うじゃんっていう。

――前田さんが思う、レスラーのイメージとは？

俺が小学生くらいのときは、レスラーっていうと、生まれながらに神童と言われる人たちがやってる世界だと思ってました。神童とか怪童として生まれて、大きくなったら豪傑、みたいな。豪傑コースに乗った人たちの集まりだと思っていたから、山本なんかもそのイメージで言ってるんだろうね。実際はビビりもいるし、神経質な人もいるし、本当に豪傑みたいな人もいるし、いろいろですよ。

――『1984年のUWF』のなかで、とくに憤りを感じているのはどの部分ですか。

「前田は試合毎に相手を怪我させて、勝手な試合をしてた」って書いてあるんですけど、じゃあ、だれが怪我をして、だれが休んだの？　っていう話ですよ。あの本のなかで、俺と開幕戦をやったダッチ・マンテルが俺に怪我をさせられて、その後、試合に出てないって書いてあるんですけど、俺とも2試合目をやってるし、他の人とも何戦もやっている。

いまでもYouTubeであの試合、観られるんですよ。踵が当たったように見えるんですけど、実際、踵なんて当たってないんです。俺くらいの体重であの蹴りで踵に当たったら、歯が全部なくなるか、顎が折れるか。けどそんな人、だれもいないんですよ。たまたま藤波（辰巳）さんと試合をしたとき、藤波さんがよけそこなって切っちゃいましたけど。

——1987年11月19日の「長州選手の顔面蹴撃事件」のイメージが強いというのはあります。

それを利用したんでしょ。それはまた全然、別のシチュエーションがあるんですよ。それを無視して、事実だけを追って「だからこうなんだろう」って言われても、違うでしょっていう話です。歴史ってそうじゃないですか。答えがわかったような状況で「こうだろ、こうだろ、だからお前は悪いんだ」っていうのは、カンニングペーパーを見ながら試験するのと同じでね。試験でもなんでもないじゃないですか。

「だれが作ったとかじゃなくて、そういうことを目指している時代だった」

——新生UWFは、前田さんが解散を宣言しました。理由は？

選手間の認識の違いですね。UWFという特殊な意味づけと、特殊なステータスのなかで、みんなが飯を食えるようにしたんです。それを1年半やったら、もうこっちにいくしかなかった。半分くらいの選手はそれでもいいって言ってくれたんですけど、自分にとってUWFは家族のように思ってましたから。ひとりでも抜けたらそれはＵＷＦじゃないんで、それで解散って言ったんですよね。

――「こっちにいくしかない」というのは？

ＵＷＦがやっているような、技術をもとにした試合の先にあるものはなにかと言ったら、もう総合格闘技しかないんですよね。日本人同士でえっちらおっちら、いつまでやってんだ？　だったら外人とかいっぱいいるよ。それも、プロレスのプの字もつかないアマチュアの格闘家をどんどん入れよう。そういうことに抵抗がある選手がいたんですね。

――総合格闘技を作ったのは、佐山さんなのでしょうか？　前田さんなのでしょうか？

だれが作ったとかじゃなくて、そういうことを目指している時代だったんですよ。当時、盛んに言われていたのは、実践空手の影響でなにがいちばん強いんだろうかということ。組めばいいのか、投げればいいのか、殴ればいいのか、蹴ればいいのか。みんながせーのでやったら、だれがいちばん強いのか。そうなると、ルールとして総合格闘技的になるしかなかったんです。

佐山さんはＵＷＦにルールだとかいろいろ持ち込みましたけど、それはＵＷＦという団体のためのアングルだったんですよ。簡単に言うと、言い訳のためにルールを作ったんです。「ＵＷＦって危険なんだよ、だからルールがいるんだよ」と。でも実際にやってるのはプロレスなんですよね。

――格闘技において、ルールは大事ですか。

すごい大事ですよ。ルール次第で、スポーツの見え方だとか、性格だとか、いろんなものが変わってきますから。ゲームだって、こうやったらキャラクターがこう動く、このボタンを押したらこういう攻撃をする。それが全然違ったら、違うゲームになるでしょ。それと同じですよ。ルールというのは、武術とか格闘技をゲーム化するために必要なものです。

――UWFの色は、佐山さんが作ったルールによって決められた？

色とかなんとかいうよりも、あそこに集まったメンバーですよね。彼らがいままで通りのプロレスをやっていくと、新日本プロレス、全日本プロレスと対比されて、だれからも注目されないんですよ。プロレスラーとして見ると、みんな小さいですし。どこにでもいるような兄ちゃんばっかりでしょ。でも集まった人間は、真面目にサブミッション・レスリングをやってきた人間ばかりだったので、じゃあそっちのほうを見せる方向に持って行こうと思ったんです。

――お客さんは、サブミッション・レスリングを受け入れましたか。

当時のお客さんは全然わからなかったです。それだけプロレスという業界に、力とステータスがあったんですよ。UWFは、それに立ち向かった団体なんです。

――前田さんのプロレス観をぜひ教えてください。

プロレスはね、究極のアスリートスタントマンがやるメロドラマですよ。真面目にやるとこれほどキツくて危ないスポーツはない。でも手を抜けば、これほど楽なスポーツはない。両極端なんです。だから面白いんですよね。こっちの極端とこっちの極端が試合することもありますしね。

いまプロレスは活気を呈しているように見えるんですけど、昔と比べるとまだ低調なんです。昔は人口10万人くらいのところでも、3000、4000人、普通に入りましたから。ちょっと不況を脱したから浮かれちゃってね、スタントマンを飛び越してサーカスになってるんですよ。だから危険なんです。スタントマンは、危険なことを危険でないようにやる。サーカスは、危険なことを危険にやるんです。

――この連載では、「強さとはなにか」を探っています。強さとはなんだと思われますか。

強さとは、しつこさです。しつこい人は諦めないでしょ。負けを認めないから、延々と努力するんですよね。しつこいフリをしている人は違いますよ。それはただのわがままです。本当にしつこい人間は、「ちくしょう。そうはいくかい。いまに見てろ」って、虎視眈々と機会を狙う。しつこくて、執念深い。それが強い人ですよ。プロレスに限らず。

――ありがとうございました。

前田日明インタビューからほどなくして、わたしは自分の体の異変に気づいた。病院で検査を受けると、卵巣に腫瘍が見つかった。影があり、悪性の可能性が高いとのことだった。

恐怖に怯えながら、入院した病室でUWFの試合映像を繰り返し観た。涙が止まらなかった。これが真剣勝負か否か、わたしにはどうでもよかった。前田日明は強い。佐山サトルも強い。プロレスラーは強い。プロレスはいつだって、わたしに力をくれる。それだけがリアルだった。祈るように、わたしはＵＷＦの試合映像を繰り返し観た。

腫瘍が悪性だった場合、闘病生活を送ることになる。良性だった場合……。それでもわたしには、「強さとはなにか？」をこの先、追求していく自信がもうなかった。世界が突然、色褪せてしまった。この連載を終えようと思った。

毎日、泣いてばかりいた。死ぬかもしれない恐怖を、だれかにわかってほしかった。格闘家の彼に電話を掛けた。電話越しの彼は泣いていた。「大丈夫ですから。僕がついていますから」——。その言葉を聞いて、わたしはまたワンワン泣いた。

vol.17

髙山善廣

強さとはなにか?

YOSHIHIRO TAKAYAMA

(インタビュー=鈴木健.txt、垣原賢人、小橋建太、鈴木みのる)

今年2月、卵巣に腫瘍が見つかった。通常2、3センチ程の卵巣が15センチまで肥大し、いつ破裂してもおかしくない。おまけに黒い影もある。医師に「悪性の可能性を覚悟しておいてください」と告げられた。つまり、がんかもしれない。死ぬかもしれない。まだちゃんと生きてもいないのに。
手術までの間、酒に溺れた。毎晩、呑み屋をハシゴし、店主に「わたし、死ぬかもしれないんだ」とくだを巻いた。そんなある日、一本の電話が掛かってきた。恩師からだった。怒鳴られた。
「なにやってんだよ。こういうときのために、プロレスがあるんじゃないのか?」

嗚咽が止まらなかった。

手術の結果、腫瘍は良性だった。がんではない。とりあえず、死に至ることはない。しかし良性であっても悪性であっても、わたしには心に決めていることがあった。「髙山善廣さんの記事を書こう」——。試合中に負った怪我が原因で頸髄完全損傷と診断され、首から下が動かなくなった。回復の見込みはないとされている。
生きることと必死に向き合っている髙山の記事を書くことで、この連載で追い求めてきた〝強さとはなにか〟。その答えが見つかるような気がした。

(2018年6月)

Profile

髙山善廣（たかやま・よしひろ）／1966年9月19日、東京都墨田区生まれ。大学時代、第1次UWFに入門するも、1か月足らずで退団。大学卒業後、会社勤めをしたのち、UWFインターナショナルに入門。団体解散後、キングダムを経て、1999年、全日本プロレスに入団。2000年、プロレスリング・ノア旗揚げに参加。2001年、PRIDE参戦を機にフリーランスとなり、2002年6月23日、PRIDE.21でドン・フライと死闘を繰り広げ、世界中の注目を浴びる。2017年5月4日、DDT豊中大会にて、前方回転エビ固めをかける際に頭部を強打。頸髄完全損傷と診断され、同年9月の記者会見で回復の見込みがないことが明らかにされた。現在はリハビリに励んでいる。196センチ、125キロ。blog：https://ameblo.jp/takayama-do/

vol.17

髙山善廣

「俺は、タカヤマの力になるためにここへ来たんだ」

プロレス会場の隅で募金箱を持っていたプロレス記者の鈴木健.txtは、耳を疑った。海外からやってきたプロレスファンが、興奮を抑えきれないという様子で髙山への思いを語ってくる。（世界中の人が、髙山さんを応援している——）。鈴木は慣れない英語で、「サンキューベリーマッチ、サンキューベリーマッチ……」と繰り返した。

鈴木はマスコミの人間でありながら、髙山の支援活動をしている。その理由を尋ねると、「マスコミではなく、週1回、髙山さんの隣にいた人間としてやっている」と言う。髙山は募金をしてくれたひとりひとりにお礼を言いたいはず。だから自分が代わりに頭を下げているのだと。

鈴木がMCを務める動画配信番組『ニコプロ一週間』。毎週水曜日、髙山は2013年からレギュラー出演していた。しかし2017年5月4日、番組を休んで出場したDDT豊中大会にて頭部を強打し、大阪市内の病院に搬送された。その日の夜、生本番中は髙山の容態について触れなかった。ただただ、心がざわつくばかりだった。

あの日から、１年が過ぎた。いまでも番組のオープニングでは髙山の映像を流し、欠かさず髙山への募金を呼びかけている。

「４年間、当たり前のように自分の隣に座っていた人が、突然いなくなってしまった。人生ではじめて経験することでした。なにかしたい、でもなにもできない。そうしたなかで、事故から４か月が経過した９月、髙山さんを支援するＴＡＫＡＹＡＭＡＮＩＡが設立されました。これで自分も髙山さんの力になれると思ったのは、僕だけではなかったはずです」

１万円を１回よりも、１円を１万回募金して、髙山に対する思いをずっと持ち続けてほしいと鈴木は言う。長期的な治療になる。金額よりも気持ちが、彼を支え続けることにつながるだろうと考えている。

２０１４年12月、プロレス界に衝撃が走った。垣原賢人がＦａｃｅｂｏｏｋにて、悪性リンパ腫に侵されていることを公表したのだ。現役を引退し、クワガタを愛する昆虫ヒーロー「ミヤマ☆仮面」として、第二の人生を歩みはじめたばかりの出来事だった。

「まさか自分が、と思いました。体には自信があったので。この病気に勝てるのだろうかとひどく落ち込みました。主治医からも、このがんがどれだけしつこくて、完治が難しいかということを聞かされましたから。絶望感に苛まれました」

公表から程なくして、垣原を支援する「カッキー応援隊」が結成された。中心になったのは、UWFインターナショナルの先輩である山崎一夫と、後輩である髙山善廣。日本全国へ募金を呼びかけ、イベントでは自ら募金箱を持ち、垣原を励まし続けた。

「抗がん剤治療中、お見舞いはお断りしていたんです。どんどん体の筋肉が落ちていく姿を、あまり人に見せたくなくて。でも唯一、家族以外で病院に呼んだのが髙山選手です。それくらい信頼しています」

髙山との出会いは、垣原が新生UWFの練習生だったとき。旧UWFを辞めて会社勤めをしていた髙山だが、合宿所に遊びに来ることがあった。体の大きい彼を見て、「もったいないな」と思った。のちにUインターに入門した彼を、垣原は徹底的にしごいた。こいつはすごいレスラーになる。俺も負けてなるものかと、さらなる厳しい練習に励んだ。肉体と肉体。お互い本音でぶつかり合うことで、信頼関係が生まれた。

「髙山選手は、プロレス頭を持った人です。U系の選手はリングでもスポーツライクに『頑張ります』的なことしか言わないんですけど、彼はプロレスラーの言葉を持っていた。どういう言葉を発すれば

ERMAN SUPLE

お客さんが喜ぶかということを、ちゃんとわかっているんです」

1999年、ふたりは同時期に全日本プロレスに移籍する。高山はめきめきと頭角を現し、プロレス界のベルトを総なめにした。そしていつしか〝プロレスの帝王〟と呼ばれるようになった。

「正直、悔しさもありました。先輩という立場でありながら、下のほうでくすぶっている自分が情けなかった。でも高山選手が手の届かない高みにいってからは、そういう感情はなくなりましたね。Uインターで同じ釜の飯を食っていた仲間として、誇りに思いました。俺たちがやっていたことは間違っていなかっただろ、と」

高山の怪我を知ったとき、「なんでこんないい奴が……」という思いがよぎった。自分が病気になったとき、懸命に励ましてくれた。少しでも病気に役立つ情報を仕入れては、自分のもとに届けてくれた。プロレスラーとしても一流だが、人間としても素晴らしい。神様はいないのかと思った。

垣原は昨年（2017年）8月、自身の主催興行「カッキーライド」にてリング復帰した。今年も開催しようと考えていたが、8月31日に開催される「TAKAYAMANIA EMPIRE」と日程が近い。自粛すべきではないかと悩んだ。そんな垣原に、高山は「やってください」と言った。またもや彼に背中を押された。TAKAYAMANIAを応援するための大会をやりたいと思った。

昨年のカッキーライドは全試合UWFルールで行われ、垣原が入門した新生UWFの世界観を表現した。今回は、高山がデビューしたUインターの世界観を打ち出そうとしている。かつてのUインターの選手、関係者、スタッフを集め、みんなで高山にエールを送りたい。それが今回のカッキーライドの目的だ。

「今度は僕が応援する番。いまこそ先輩面しなきゃいけないと思うんです。僕が病気を克服して楽しそうに生きているところを見せることが、きっと彼へのエールになるはず。高山選手が自分の足で歩いて、もう一度トップロープをまたぐまで、応援し続けます」

悪性リンパ腫と告知されてから、3年半が経つ。抗がん剤治療を終え、現在は生薬の漢方をはじめとする東洋医学の治療をしている。体の具合は絶好調。大好きな昆虫の魅力を広めるべく、ミヤマ☆仮面として日本全国を飛び回る日々だ。

クワガタのプロレス〝クワレス〟でレフェリーを務める垣原は、クワガタに向かって叫ぶ。「頑張れ！」――。頑張ってくれ。俺の体も、高山も。そう祈りながら、毎日を懸命に生きている。

UWFインターナショナル、キングダムを経て、1999年、高山は全日本プロレスに入団した。格闘技色の強いUWFと、王道プロレスと呼ばれる全日本では、スタイルが水と油ほど違う。しかし彼はスタイルを超え、〝高山善廣のプロレス〟を確立した。盟友・小橋建太は、当時の彼をこう分析する。

「水と油は混ざるということを証明した選手」――。

「もちろんスタイルは見るからに違います。ですが高山選手はＵＷＦ魂をしっかり持ちつつ、全日本のリングに上がっていた。スタイルに囚われたくないという決意と覚悟を持っていたからこそ、全日本に融合していったんだと思います」

はじめて高山と試合をしたとき、「なかなか面白いじゃないか」と思った。一発一発が重い。とくに蹴りと膝蹴り、そしてエルボー。196センチの長身である高山は技を上から振り下ろすため、想像以上にダメージがある。しかし小橋も負けじと返す。ふたりの試合はスイングし、ファンから絶大な支持を得た。

2004年8月、高山は脳梗塞で倒れた。プロスポーツ選手で脳梗塞から復帰した前例はないとされているが、不屈の精神で克服。2006年7月16日、プロレスリング・ノア武道館大会にてリング復帰することが決定した。タッグパートナーは小橋建太。しかし試合直前の6月29日、今度は小橋に腎臓がんが見つかり、試合を欠場することになる。

「悔しかったです。脳梗塞という大変な病気から立ち上がってくる高山選手の思いに、応えられなかった。がんになった悔しさ、試合に出られなかった悔しさ、ファンのみんなの期待に応えられなかった悔しさ、僕の代わりに出場してくれた佐々木健介選手への感謝の気持ち。いろいろな感情が入り混じっ

ていました」

２００７年12月2日、小橋はがんを乗り越え、リング復帰する。復帰戦のタッグパートナーは高山善廣。対戦相手は三沢光晴と秋山準。このカードを提案したのは高山だった。「あのときできなかった試合をやりましょう」――。嬉しかった。どこまでも熱い男だと、小橋は振り返る。

リングで敵対していたふたりが、プライベートで会うことはなかった。しかし一度だけ、食事に行ったことがある。小橋の病気が落ち着いた頃、高山が小橋と佐々木らを誘い、他愛ない話に花を咲かせた。しかしだれかが「記念写真を撮ろう」と言うと、高山は拒んだ。「俺たちは敵だから、写真を残すのはやめましょう」――。

「プロとしてのこだわりを感じました。僕への励ましだったのかもしれません。いつまでもライバルでいるから、帰ってこいよ、という。いま思えば、写真を撮らなくてよかったのかなと思います。あの日の光景は、僕の心の中にいつまでも残っているので」

高山が頸髄完全損傷で回復の見込みがないと知ったとき、「言葉にできなかった」と小橋は言う。激闘を繰り広げた思い出。タッグを組んだ思い出。いつでも熱く、優しかった高山の姿が、走馬燈のように浮かんできた。

「意識があるのに動けない苦しさを思うと、胸が詰まります。けれど高山選手の熱い闘いは、僕の心の中にも、ファンのみんなの心の中にも残っている。高山選手が立ち上がることで、励まされる人がたくさんいるはず。観る人を元気にするのがプロレスラーです。ベッドの上にいても、プロレスラーであり続けてほしいと思います」

2002年、鈴木みのるは追い詰められていた。首の怪我をして、試合に出られない。引退を考えたが、やることも見つからず、金もない。しかしその年の6月23日、たまたまテレビで観たPRIDE「髙山善廣vsドン・フライ戦」に衝撃を受けた。ノーガードでの壮絶な顔面の殴り合い。感動した。涙がこぼれそうになった。俺、なにやってるんだろう――。翌年6月、鈴木はこれまで培ってきた格闘技を捨て、プロレス界に復帰する。

古巣の新日本プロレス。唯一、話し相手になったのは髙山だった。試合が終わるたびに、「俺の試合どうだった?」と尋ねた。そんな鈴木に、髙山は言った。「鈴木さんのプロレス、つまらない」――。

「必死に現代の技をやろうとしていたんです、溶け込みたくて。他の選手がやる技をやってみたり、受け身の練習をしてみたり。でも髙山は、それがつまらないと言う。技を知らない、受け身が取れない。それが鈴木みのるでしょ、と。だれよりも強いパンチ、だれにも負けないグラウンドテクニック。つまり俺の人生こそが俺の武器だということを教えてくれたのが、髙山なんです」

たくさんの話をした。お互いが子どもの頃に憧れていた、アントニオ猪木のプロレス。いまのプロレスは、その頃とはまるで違う。こんなに弱い奴らが、なんで偉そうに試合をしているんだ。飼い慣らされた猫じゃないか……。ふたりは意気投合した。いつしか鈴木は髙山のことを、「俺の友だち」と表現するようになった。

ふたりでプロレス界を縦横無尽に暴れ回った。なかでも鈴木が自身のベストバウトのひとつに挙げるのは、2015年7月19日、プロレスリング・ノア旗揚げ15周年記念大会。髙山は鈴木の持つGHCヘビー級王座に挑戦した。鈴木はパイプ椅子で髙山の頭部を殴り、髙山は大流血。試合内容に納得しない観客から、リングにゴミが投げ入れられた。しかし鈴木はあの試合を振り返って、「なにひとつ後悔はない」と話す。

「もしもあの試合で受けたダメージが現在の彼の状況につながっていたとしても、後悔はないです。本人もないと思います。タッグを組んだら一緒に全力で闘って、笑い合って、敵になったら全力で殴り合える。そんな友だち、なかなかいないですよ。友だちだから全力で殴り合えた。手を抜いたら逆に怒られそうで」

ノアと敵対した鈴木に対し、髙山は「俺は三沢さんにお世話になったから、ノア側につく」と宣言。それからふたりは会話をしなくなり、プライベートで会うこともなくなった。そして昨年（2017

年）5月、高山の体は動かなくなった。

TAKAYAMANIA設立記者会見で、鈴木は泣いた。泣きながら、高山への募金を呼びかけた。ヒールの中のヒール。通称〝世界一性格の悪い男〟。その男は友だちのために、日本中の前で泣いた。

高山は、現実を受け入れた。絶望を口にすることはほとんどなく、医師は「精神がとてつもなく強い」と驚いた。しかし治療には莫大な費用を要する。

「1000万円とか噂されていますけど、1年間とかじゃないですから。もっと短いスパンです。お金はいくらあっても足りない状況です。俺の稼ぎを全額つぎ込んでも足りない。高山に勇気をもらったプロレスファンに返してもらうしかないんです。ひとり1円であっても、日本中の人が募金したら1億円ですから。そうしたら彼は、しばらく生きていける」

募金活動をはじめるにあたり、批判も出てくるだろうと想定された。だから鈴木は、「俺が前に出る」と申し出た。自分は偽善者だと言われてもいい。なぜならずっと、批判と逆流と向かい風の中で生きてきたから――。

高山への募金は、彼の家族をサポートするためでもある。しかし、奥さんは生活費をすべて貯金から捻出している。生活のために車まで売ろうとしている。夫のために集まったお金を、わたしたちが使うことはできない、と。

「アホかと思いますよ。バカ正直な人でね。そのお金で海外旅行に行くわけでもない。ブランド品を買うわけでもない。付き合いが長いんですが、すごく強い女で、だれにも弱音を吐かないんです。普通の人ならぶっ壊れてますよ。さすが帝王の嫁です。でもね、『きつい』って言ってました。『つらい』って、言ってましたよ」

かつて鈴木は、藤原喜明に聞いたことがある。「強さって、なんですか?」。すると藤原はこう答えた。「強さとは、長生き」——。どの競技が強いんだ、だれが強いんだと聞きたかったのに、「長生きしているおじいちゃんがいちばん強い。死んだら闘えない」と言われた。その考えが、いまの鈴木にはよくわかる。

高山は現状、動くことはできないが、話すことはできる。ベッドの上の高山は、鈴木に言った。

「鈴木さんは、後悔しないように生きて」

2016年9月にはじめたこの連載は、今回で最終回を迎える。これまで19人に、「強さとはなんですか?」と問いかけてきた。答えは十人十色で、ひとつの結論を導き出すことはできないかもしれない。しかし、見えてきたことはある。プロレスラーは皆、強さを求め、もがき、苦しみながら、リングの上に立っている。

生きることは、ときに苦しい。現実から目を背けたくなることもある。しかしプロレスラーは、目の前の対戦相手から逃げない。真正面から相手の技を受け、やられてもやられても立ち上がる。そんな彼らの姿を見て、俺も、わたしも、立ち上がらなければいけないと思う。プロレスを見ること。それは、自分自身と向き合う作業だ。

2015年1月、わたしはプロレスと出会った。最初はプロレスの記事を書くのが、楽しくてしかたがなかった。しかし続けるにつれ、書くことがつらくなっていった。「素人がわかったようなことを書きやがって」と、批判されることも少なくなかった。追いかければ追いかけるほど、プロレスは遠く離れていくように感じた。しかしいまは、それでもいいと思っている。プロレスはいつまでも遠く、わたしはいつまでも、その尊い幻を追いかけていきたい。

プロレスとはなにか？　強さとはなにか？

それは、生きるということ。生きて、闘うということ。いつか命が絶えるとき、決して、後悔しないように。

格闘家の彼と付き合うことになった。今度こそは大丈夫。わたしは成長した。いまなら男性を受け入れることができる。そう思った。しかし心のどこかに「また1か月半で別れることになるのでは」という不安もあった。そして……4か月で別れた。どうしても男性に対する嫌悪感を拭うことができなかった。

手術から半年後、病気が再発した。なにかを乗り越えたら、また乗り越えるべきなにかが襲ってくる。人生は思うようにはいかないものだ。

「単行本化も決まったことだし、プロレスはもういいんじゃないの？」

アクセス数も下がっているからと、担当編集者はやんわりと付け加えた。アクセス数を稼げなければ、記事を書き続けることはできない。これぱかりはどうにもならない。しかしプロレス以外に書きたいテーマはなかった。金もない。ろくに仕事もない。結婚どころか恋人もいない。振り出しに戻ってしまった。何者でもないわたしに、戻ってしまった。

そんなある日、Ｔｗｉｔｔｅｒのタイムラインに一枚の写真が流れてきた。「キャラ変した大家健」――。赤いパンツに赤いレガース。そしてテンガロンハット。ボテッとした体型だけは変わらない。なにがあったんだ、大家健！　そう思った瞬間、写真の中から歓声が聞こえてきた。

ワーワーワーワー　ワーワーワーワー

大家健は、いわゆる〝強い〟レスラーではない。強い人間でもない。失踪したり、自殺未遂をしたり、小学生に優しくされて恋をしたり、弱さの権化のような人である。しかしその弱さが強力な武器となり、わたしたちの心を掴んで放さない。「ガンバレ、俺！」と泣き叫ぶ大家の姿を思い浮かべたら、涙が溢れてきた。わたしも弱い人間だ。しかし弱いからこそ、強くなれるときもある。そう信じたい。弱さとはなにか。強さとはなにか――。わたしの旅は、まだ終わらない。

いつかまたプロレスの連載を持つことができたら、タイトルは「最弱レスラー数珠つなぎ」なんてどうだろう。相変わらず、いささかチープではあるが。

ワーワーワーワー　ワーワーワーワー

「この音が……　オレを甦らせる　何度でもよ」

——三井寿（『スラムダンク』作・井上雄彦）

これから先、もっとつらいことが襲ってくるかもしれない。一生、孤独に生きていくのかもしれない。それでもわたしは記事を書き続ける。この耳に、あの大歓声が鳴り響くかぎり。

わたしは、書くことが好きだ。

——強さとは、なんですか？

「辞めないことです。辞めたら、強いということを証明する機会を自ら失いますから」——佐藤光留

「自分自身がプライドを持ってブレないことだと思います」——宮原健斗

「毎日、強さってなんだろうと思いながらやっています」——ジェイク・リー

「強さとは、イコール優しさじゃないといけないと思います」——崔領二

「正直であることだと思います」——若鷹ジェット信介

「強さよりも、〝すごい〟ことがプロレスの強さだと思います」——石川修司

「継続することだと思います」——鈴木秀樹

「何度でも立ち上がる姿が、いちばん強さにつながるんじゃないかと思います」――田中将斗

「折れない心、でしょうか」――関本大介

「負けたくない気持ちじゃないですかね」――岡林裕二

「生き様を貫くことじゃないかな」――鷹木信悟

「痛みの数だと思います」――中嶋勝彦

「心理学者は弱さを改善することはできるけども、強さを作ることはできない。それを作るのが、僕らの仕事だということです」――佐山サトル

「男の強さとは、愛である」――藤原敏男

「ルールに基づいて、勝ったもんが強いんだ」――藤原喜明

「強さとは、しつこさです」――前田日明

「置かれている状況に対応する力だと思います」――垣原賢人

「覚悟」――小橋建太

「生きるということ」――鈴木みのる

【特別対談】

強さを求めて——旅の向こう側

佐藤光留×尾崎ムギ子

佐藤　唇が震えてますけど。大丈夫ですか？

尾崎　だ、大丈夫です……。お忙しいなか、ありがとうございます。今日は改めて炎上を振り返りつつ、本のまとめを。

佐藤　はじめてですよ、炎上を振り返る人。

尾崎　連載は読んでいただけたのでしょうか？

佐藤　結局、全部読みました。次、だれかって、意外と気になるんですよ。最後、鈴木（みのる）さんの名前が出てきたとき、冷や汗が止まらなかったです。こっちとしては多摩川に流れていきたいのに、気づいたら荒川の支流になってる、みたいな。

尾崎　鈴木選手にインタビューさせていただいたとき、わたし、「佐藤光留さんとそっくりですね」って言ったんですよ。

佐藤　絶対、ダメだろ。

尾崎　「ムギ子の評価、ガタ落ち」と言われました（笑）。けど、ホントに似てるんです。考え方とか、思考回路とか、喋り方まで。

佐藤　まあ、あると思いますね。やっぱり伝染するんですよ。僕には弟子はいないですけど、僕を見てレスラーになったりとか、僕の試合を観てなにかを感じてくれたりとか、そこでの責任はあると思ってます。この本を読んで、「プロレスラーを炎上させて、本を書きたい」という人が出てくるかもしれないですよ。
尾崎　出てきてほしいです。
佐藤　出てきてほしいんかい！（笑）

いまだに全員、殺そうと思っている

尾崎　印象に残っているレスラーはいますか？
佐藤　もちろんいるんですけど、自分が一番面白えなと思ってましたね。
尾崎　わたしも思ってました。
佐藤　他の人に謝りなさい！
尾崎　「炎上した相手に謝罪に行く」という経緯があったじゃないですか。そこをいかに乗り越えるか、自分との闘いでした。
佐藤　ぶち殺してやるぞ、みたいに言われた人にインタビューするなんて、どうかしてると思いますよ。はじめてお会いしたのは、もっと前ですよね。ＵＷＦのトークイベントをお客さんとして観に行ったとき、声を掛けてもらったんですよ。「尾崎ムギ子です。すみませんでした」って。僕、笑ってたけど、本当にカチンと来てて。あの記事に関わった奴、いまだに全員、殺そうと思ってますから。

尾崎　えええっ……。

佐藤　他の人にインタビューするとき、炎上のことは話してたんですか？

尾崎　話してました。佐山先生とか面白がって、「いまから佐藤君を呼ぼう」とおっしゃっていました。

佐藤　呼ばれたら飛んで行きましたよ。前田（日明）さんはなんて言ってたんですか？

尾崎　炎上に関してはとくに興味がなかったみたいです。でも、「強さとはなにか？」すごく真剣に考えてくださいました。

佐藤　さすがですね。

尾崎　最後はわたしが病気になって、連載を終了する形になりました。結果的に大きな病気ではなかったんですが、連載を続ける自信がなくなっちゃって。

佐藤　「殺すぞ」と言ってきた人には会いに行くのに、病気ではやめようと思うっていうのがね。その辺のインディーレスラーより、よっぽどプロレスラーっぽい。

編集担当　執念深いですよね。謝りに行って、インタビューをして、今日また対談するっていう。

佐藤　執念深いですよ。対談したいっていうメールをもらったんですけど、メールなのに震えてるのがわかるんです。そんなに怖かったら、やんなきゃいいのに。そういうところは、若干、自分と似てますね。

尾崎　編集さんに「最後にだれかと対談しましょう」と言われたとき、「絶対、佐藤光留さん！」って言ったんですよ。

佐藤　どうかしてますよ。

「ライターは文章なんだ！」というのを信じたい

尾崎　記事を書くときってターゲット層を決めるんです。「最近プロレスを観はじめた人」とか。けど、この連載に関してはそういうのがまったく定まっていなくて。だれに向けて書いているのかわからなくなったとき、佐藤選手に向けて書いていたんです。読んでくれているかわからないけど、もし読んでくれていたら、佐藤選手に届けたいなと。

佐藤　学生時代、ストーカーとかやってませんでした？

尾崎　やってないです（笑）。けど、そこが軸になってからは、書きやすくなりました。

佐藤　読んでいて、同じプロレスラーでもこんなに価値観が広いんだと思いましたね。崔（領二）さんの「ようわからん」みたいなのもそうだし、それこそ前田さんとか鈴木さんとか。

尾崎　佐藤選手は「鈴木みのるを指名するのはズルいと思う」ということで、鈴木選手を指名しなかったわけですが。結果的に鈴木選手に行き着きましたね。

佐藤　佐藤光留から鈴木みのるって、当たり前の流れだと思うんですよ。けど、その間にいろんなレスラーを経由して、そこにいろんな価値観があったのがすごく興味深かったです。

尾崎 感激です。

佐藤 心がこもってないですね。家に帰ったら、「宮原、最高！」とか匿名で書いてそうですよ。

尾崎 そんなことないです！ どうしても人と話すのが苦手なんですよね……。だから文章を書こうと思ったんですよ。この本にはそういう話も書いてあります。

佐藤 僕も文章を書くんですけど。僕の場合はプロレスという軸があって、その中の一部分を切り取って文章にしているんです。けど、ムギ子さんは軸そのものが文章なんですよね。そこを作る作業って、自分がプロレスをやる作業と同じことで。その責任感とか、こうやって話してみてはじめてわかりました。どんなにいい文章を書いても、売れなかったらダメじゃないですか。売るために文章を書く人もいると思うし、それもその人の勝負の仕方だと思うけど、でもムギ子さんはそうじゃなかった。そこがムギ子さんの太い幹なんだと思います。

尾崎 「ライターに文章力は必要ない」って言われることがあるんです。それよりも取材を円滑に進めるとか、クライアントと良好な関係を築くとか、そういうことが重視されたりする。もちろんそこもすごく大事なんですが、わたしはやっぱり「ライターは文章なんだ！」っていうのを信じたいんです。

佐藤 プロレスマスコミの「めんどくさい王選手権」にエントリーされますよ。

尾崎 佐藤選手にちょっと似ているのかなと思います。

佐藤　類は友を呼ぶって言いますからね。コスプレとか含めて、周りのレスラーから「俺もそういうのやりたい」って言われたりするんですよ。だけど僕からしたら、これをやっていかないと生きていく道がなかったから追求してるんだよ、と。

尾崎　わたしもそうです。プロレスファンのライター仲間から、「プロレスの記事が書けて羨ましい」って言われるんです。でもわたしにとっては、そうする以外に道がなかった。プロレスは大好きだし、レスラーにインタビューできることは光栄なんですけど。

佐藤　レスラーに恫喝され、悩み、苦しみ、それでも記事を書いていくっていうことをできる人は少ないですよ。次はどこを炎上させるんですか？

尾崎　いやもう、したくないですよ……。一生分、泣きました。

佐藤　来世の分まで泣きましょうよ。僕も落ち込んだんですよ。「こういう奴が新規を遠ざけるんだ」って、散々言われて。書いた人も泣いてて、炎上させた奴も落ち込んでて、なんの生産性もない（笑）。一方で、「言うのは自由じゃないか」と言う人もいたんです。でも、自由って、勝ち取って主張することが自由であって、過程がなくて主張することは自由ではないんだよなあと、この連載を読んでて思いました。そういう感情だったり、得るものがありましたよ。

尾崎　そう言っていただけると、救われます。

主流に刃向かった人たちを掘り下げた

尾崎　今回、対談をやらせていただくにあたり、Twitterで「佐藤光留のココが好き！」というのを募集したんですよ。そうしたらすごい数のDMが届いて。こんなに愛されている人をわたしは怒らせてしまったんだなと、申し訳ない気持ちでいっぱいだったんです。

佐藤　どんなDMが来たんですか？

尾崎　ツイートして30秒後くらいに、佐藤選手のプリ尻写真が送られてきました。さすが、ひかるんファンですね。

佐藤　バカにしてんのか！

尾崎　「愛情と信念を持ってプロレスをやっている」というような声が多かったです。

佐藤　信念なんかないほうがいいんですよ。ていうか、なんでそんな募集をしたんですか？

尾崎　この対談前、佐藤選手のことをいろんな人に聞いて回ったんですよ。いい対談にしたくて。その一貫です。

佐藤　なにを聞いたんだ……こえーな。

尾崎　気になったのが、パンクラス時代、鈴木選手に「プロレスをやりたい」と言ったら、2時間、説教されたと。

佐藤　2時間半ですね。2008年5月です。パンクラスの道場の踊り場で、真冬にふたりとも半袖短パンで。めっちゃ寒かったのを覚えてます。

尾崎　なぜ説教されたんですか？

佐藤　プロレスを甘く見ていると思ったんじゃないですかね。いま考えると、甘くは見ていなかったですけど、結果的に甘かったと思います。けど、次の日、「とりあえず電話だけしてみるか」と言われたんです。そしたらまさにその瞬間、DDTの高木（三四郎）さんから鈴木さんに電話が掛かってきて。「鈴木さんのところにいるメイド服を着た子、プロレスやんないですか？」と。そこからDDTに上がるようになりました。

尾崎　高木社長は「これからはUWFの時代だ」と言っていたとか。さすが先見の明がありますよね。

佐藤　プロレスラー以外の方にもインタビューしてほしかった気もしますよ。社長とか、リングアナウンサーとか。言うたら、マニアックな連載じゃないですか。

尾崎　自分ではメジャーだと思ってました……。

佐藤　マニアックですよ。広がりを見せて、たくさんの人に届けたというのはムギ子さんの力だと思いますけど。企画のはじまりは、いまのプロレスの主流ではないじゃないですか。主流に刃向かった人たちを掘り下げていった。だったら、もっとさらに聞いてみたい人たちもいますね。例えばカメラマンの人って、プロレスの強さとはなにかというのを切り取っている人たちですよね。そこを聞くっていうのは、この流れからしかできないんじゃないかなと。

尾崎　面白そうですね！

軋轢が生まれるから、人が集まってくる

佐藤　今後はどういう展開をするんですか？

尾崎　「最弱レスラー数珠つなぎ」というのをやりたいなと。

佐藤　怒られるぞ！（笑）最強よりよっぽど、取材のハードル高いと思いますよ。

尾崎　「強いレスラーばっかり取材しやがって」と言われたんですよ。とあるインディーのレスラーなんですけど。それがすごい悔しくて。だったら、あなたを取材します、という感じです。

佐藤　掘り下げるって、そういうことだと思います。僕は「強いか弱いか以外、プロレスラーに価値はないんだ」っていう人間ですけど、強いか弱いかを知りたければ、面白いか面白くないかを知らなければいけないと思うし。プロレスでも、勝負論ではなく、面白さという視点で見ることはあります。

尾崎　面白いと思うんですか？

佐藤　面白くないですね。負けたレスラーが「いい試合だった」って言ったら、心からまったく同意できないです。

尾崎　わたしは佐藤選手の影響を受け過ぎているというか。新日本プロレスの内藤哲也選手がＮＨＫの『プロフェッショナル』に出たとき、「勝った負けた、そんな小さいことで、このプロレスしてないですよ」と言ったんですけど。お客さんは勝った負けたでこんなにも一喜一憂しているのに、レスラーが「小さいこと」と言ってしまうことに違和感を覚えたんです。思わず、「レスラーから聞きたい言葉ではない」とツイートしてしまいました。

佐藤　やめなさい！　内藤さんはいまプロレス界のトップですから。人気があるということは正しいんですよ。僕が間違ってるんです。

尾崎　ビビって消しましたけど。

佐藤　消したんかい！（笑）　反発の声が出てくるというのも、たぶん内藤さんの狙いなんですよ。新日本に反抗する人がいなかったら、新日本はそれ以上、大きくならないですから。軋轢《あつれき》が生まれるから、そこに人が集まってくる。摩擦がなかったら問題は起きないし、問題がなかったら解決もないし、解決がなかったら成長もないです。

尾崎　佐藤選手はいろいろな価値観を認めたうえで、勝負へのこだわりを一本、貫いているのがすごいなと思います。わたしはすぐブレてしまうので。

佐藤　だから炎上するんですよ。

尾崎　ブレ過ぎなのか、仕事が全然増えない……。

佐藤　炎上して増やしていきましょう。

尾崎　それだけはイヤです！　前回のインタビューから、わたし、少しは成長しましたか？

佐藤　視野が狭くなっているなと思いました。

尾崎　成長してないですか……。

佐藤　成長ですよ。狭くなったら、一回、閉じるんです。閉じたら、絶対、大きくなるんです。いま、どんどん閉じていっているので、面白えなと思いますよ。閉じてるときにしか出ない意見ってありますからね。どんどん書いて、どんどん炎上させたほうがいいですよ。

尾崎　頑張ります、本当に。自分を曲げずに頑張ることが、佐藤選手をはじめ、連載に登場してくださったレスラーのみなさん、読んでくださったみなさんへの恩返しだと、今日改めて思いました。ありがとうございました。

佐藤　これからも記事、読んでいくと思うので。楽しみにしています。

2018年11月28日、新宿にて収録

本書は「日刊ＳＰＡ！」にて２０１６年９月から２０１８年７月にかけて
連載された「最強レスラー数珠つなぎ」を元に、加筆修正し構成しました。
巻末の特別対談「佐藤光留×尾崎ムギ子」は書き下ろしです。

尾崎ムギ子（おざき・むぎこ）

1982年4月11日、東京都生まれ。上智大学外国語学部卒業後、リクルートに入社。求人広告制作に携わり、2008年にフリーライターとなる。「日刊SPA!」、「ダ・ヴィンチ」などでプロレスの記事を中心に執筆。プロレス本の編集・構成も手がける。本書がデビュー作となる。

最強《さいきょう》レスラー数珠《じゅず》つなぎ

2019年3月20日　初版第1刷発行

著　尾崎《おざき》ムギ《むぎ》子《こ》

ブックデザイン　小嶋謙介(green.)
DTP　松井和彌
編集　圓尾公佑

写真　安井信介(インタビュー・対談)／橋本勝美(P291)
連載担当　遠藤修哉(扶桑社)

スペシャルサンクス　柳澤健さん、田崎健太さん、村瀬秀信さん、伊野尾宏之さん

発行人　堅田浩二
発行所　株式会社イースト・プレス
東京都千代田区神田神保町2-4-7久月神田ビル
TEL:03-5213-4700
FAX:03-5213-4701
http://www.eastpress.co.jp/

印刷所　中央精版印刷株式会社

ISBN978-4-7816-1775-6